ANDRÉ BERNARD

OU

LE SIÉGE DE VALENCIENNES

EN 1793,

DRAME EN TROIS JOURNÉES,

PAR MM. Pierre AYRAUD et Eugène FILLION,

Représenté à Valenciennes, le 26 Novembre 1844, par la troupe
de Comédie-Drame-Vaudeville sous la direction de M. Clément.

VALENCIENNES.

IMPRIMERIE ET LITHOGRAPHIE DE B. HENRY, MARCHÉ AU POISSON.

1844.

ANDRÉ BERNARD.

ANDRÉ BERNARD

OU

LE SIÉGE DE VALENCIENNES

EN 1793,

DRAME EN TROIS JOURNÉES ,

PAR MM. Pierre AYRAUD et Eugène FILLION,

Représenté à Valenciennes, le 26 Novembre 1844, par la troupe
de Comédie-Drame-Vaudeville sous la direction de M. Clément.

1re journée. — 30 Mai : PLACE D'ARMES DE VALENCIENNES, 1793.

2e journée. — 14 Juin : LA MAISON D'ANDRÉ BERNARD.

3e journée. — LA PORTE DE FAMARS, le jour de la glorieuse capitulation
de Valenciennes.

VALENCIENNES.
IMPRIMERIE ET LITHOGRAPHIE DE B. HENRY, MARCHÉ AU POISSON.
1844.

A Monsieur HENRY, Imprimeur.

Monsieur,

Vous demandez qu'il vous soit permis de publier le drame d'André Bernard, représenté hier sur le théâtre de Valenciennes.

Ainsi, votre amour pour les glorieux souvenirs de la France, pour ceux, en particulier, que les canons anglo-allemands ont burinés en 1793, sur les murs de Valenciennes, vous a fait comprendre qu'il fallait mettre en lumière le premier hommage scénique rendu à la bravoure de vos concitoyens d'un autre âge, au courage de tous les enfants de la France qui ont si valeureusement défendu avec eux vos remparts.

Votre demande, Monsieur, vous honore aussi bien qu'elle nous honore.

Publiez donc, Monsieur, le drame d'André Bernard,

puisque sa publication sera faite en vertu de l'idée qui a
présidé à sa création.

Sans doute, la parole écrite n'est plus que le squelette
de la parole parlée ; le drame écrit, le cadavre du drame
sur la scène ; la vie et le mouvement, le son et le geste, la
mélodie et l'ardeur, la mimique enfin, qui démontre, par
la voix et le regard, tout ce qui donne une existence réelle
aux produits de l'imagination, fait défaut au papier ;
mais, néanmoins, il reste la lettre, et c'est quelque chose,
car sous la lettre qui tue, il y a l'esprit qui vivifie, féconde
et illumine. Considérée à ce point de vue, la publication
du drame d'André Bernard peut être vraiment utile, car
c'est un moyen de rappeler à tous qu'on doit aimer la patrie
et la liberté.

C'est l'unique but que ses auteurs se sont proposé.

Le drame d'André Bernard n'est, en effet, que l'expres-
sion, incomplète peut-être, mais sérieuse, d'un système bien
arrêté, et d'après lequel on considère le passé, non comme
un ossuaire muet et sinistre, mais comme une leçon, un
enseignement continus ; non comme un marbre glacé et
impénétrable, mais comme un miroir chargé de rappeler
les générations couchées dans la tombe, de reproduire les
traits, faits et gestes des hommes arrachés à l'oubli par
leurs crimes, leurs hauts faits ou leurs vertus, et cela avec
tous les désirs, toutes les tendances, toutes les passions que
Dieu leur avait mis au cœur.

Il a semblé aux auteurs d'André Bernard qu'il serait
bon d'appliquer ce système à notre grande époque révolu-
tionnaire, de même qu'ils l'avait appliqué déjà à une première
fois au dix-septième siècle, en composant Berthe d'Almanzé

pour le théâtre d'Arras. Pour eux, c'était montrer deux fois, avec des éléments différents, ce que peuvent l'énergie, le courage et la volonté, quand on combat avec amour pour la gloire et la liberté de son pays.

La bienveillance qui a accueilli leur œuvre, — si insuffisante, ils le reconnaissent, — soit au théâtre, soit dans les deux journaux de Valenciennes qui se sont donné la peine d'en rendre compte, leur a prouvé qu'ils avaient eu raison, qu'ils étaient en communion parfaite d'idées avec le public.

Ils ne le cachent pas, et peuvent donc vous le dire, Monsieur, leur joie a été grande, de pouvoir faire entendre, du haut du théâtre, aux applaudissements de tous, un enseignement qu'ils croient précieux aux états et aux citoyens. En effet, sans l'amour, — ce lien divin par lequel Dieu a voulu enchaîner les uns aux autres tous les citoyens d'un même état, — les hommes se refroidissent dans l'égoïsme; l'artère sociale cesse de porter aux extrémités la chaleur et la vie; il n'y a plus que des individus, et les nationalités disparaissent, absorbées qu'elles sont par d'autres où se trouve encore l'unité; c'est-à-dire l'amour et le dévouement.

Pour les auteurs d'André Bernard, les applaudissements que leur travail a reçus ont eu une haute signification : ils leur ont prouvé que la glorieuse France de la Révolution et de l'Empire se trouverait debout et en armes, s'il plaisait à l'étranger de la venir menacer encore.

Qu'importe donc la faiblesse de l'œuvre, puisque le but cherché a été atteint ! d'admirables souvenirs ont été éveillés ; une époque glorieuse a été glorieusement saluée. Cela

suffit. Sans doute, comme Berthe d'Almanzé, sa sœur
aînée, André Bernard est une simple pierre apportée pour
aider à construire un monument géant à la gloire de la
patrie ; qu'importe encore ! d'autres viendront polir les
marbres, élever les colonnes et les portiques. A chacun sa
tâche ; aux uns le travail obscur, aux autres le travail
glorieux : on ne peut être à la fois mineur et lapidaire, et
cependant tous deux sont utiles.

Pour les aider à accomplir leur œuvre, rien, si ce
n'est le talent, n'a manqué aux auteurs d'André Bernard :
ni les hommes, ni les choses. Ils seraient heureux de pouvoir remercier publiquement et l'administration munici-
pale, et l'administration centrale, et la presse, pour l'appui qu'ils en ont reçu. Quant à ceux qui se sont montrés
plus particulièrement, plus intimement leurs amis, ils les
aiment : c'est vous nommer, Monsieur, entre autres,
MM. Meurice, père et fils.

Non seulement les auteurs d'André Bernard ont admiré
les décors de MM. Meurice, la mise en scène si difficile, si
compliquée, si pénible, qu'ils ont néanmoins si parfaite-
tement organisée ; non seulement ils disent hautement que
tout cela a puissamment contribué au succès de leur
drame ; mais encore, ils gardent précieusement le souvenir des quelques jours qui leur ont été donnés pour les
connaître, de tout ce qu'il y a eu d'aimable et de délicat
dans leur généreux concours.

Les auteurs d'André Bernard ont trouvé d'excellents
interprètes dans les acteurs de M. Clément : zèle pour faire
réussir l'œuvre de leur camarade, talent, ils ont tout prodigué. Mademoiselle Rosine Clément a montré une grâce

naïve et touchante ; Madame Lebègue un joyeux entrain.
Les passions si diverses, qui agitaient la ville de Valen-
ciennes en 1793, l'énergie et le dévouement de ses défen-
seurs, ont été dignement représentés par MM. Lebègue,
St.-Gilles, Guitel, Célestin, Aubrée, Foulon et Léon.
Vous comprendrez pourquoi nous passons sous silence le
rôle d'André Bernard, M. Fillion, l'auteur - acteur, le
remplissait.

Et maintenant, Monsieur, puisque vous voulez joindre
la publicité de la presse à la publicité du théâtre, faire
toucher ce que les yeux seuls ont pu voir, publiez André
Bernard, et recevez nos remerciements et nos salutations
affectueuses.

PIERRE AYRAUD.　　E. FILLION.

Valenciennes, 27 novembre 1844.

PERSONNAGES.   ACTEURS.

Le général FERRAND,   MM. Guitel.
BRIEZ,   ⎫   ⎰ Célestin.
COCHON,   ⎬ Représentants du Peuple, ⎱ Aubrée.
POURTALÈS, Maire de Valenciennes,   Foulon.
Loüis DE BEAUMONT,   Léon.
André BERNARD,   Fillion.
RÉGULUS,   ⎫ Hommes   ⎰ Lebègue.
Marcus-Tullius CICÉRO, ⎭ du Peuple, ⎱ St-Gilles.
Un Enfant du Peuple,   Lebègue fils.
Jeanne DE LOISY,   Mmes R. Clément.
La Mère ALEXIS dite *CARACALLA*,   Lebègue.

Femmes et Hommes du peuple, Canonniers bourgeois,
Garnison de Valenciennes.

La scène se passe à Valenciennes, en 1793.

ANDRÉ BERNARD

ou

LE SIÈGE DE VALENCIENNES EN 1793,

DRAME EN TROIS JOURNÉES.

ACTE PREMIER.

Le théâtre représente la Place d'Armes en 1793. — Au milieu de la place, l'Autel de la Patrie, sur lequel est placée la déclaration des Droits de l'Homme. — A chaque angle, une pièce de canon et un trophée de drapeaux ; sur le montant qui les soutient on lit : 1793 ! une sentinelle veille près de l'autel. — Les maisons sont pavoisées. — Groupes d'hommes, çà et là. — Une sentinelle devant l'Hôtel-de-Ville.

SCÈNE PREMIÈRE.

Deux femmes entrent à droite et vont déposer des couronnes sur l'autel ; elles s'agenouillent sur les marches.

LA MÈRE CARACALLA.
(Elle porte un enfant.)

Allons, citoyen Brutus, mets c'te couronne sur l'Autel de la Patrie ; ça portera bonheur à ton citoyen de père, que les Autrichiens ont fait prisonnier à la porte de Tournay.

SCÈNE II.

LA MÈRE CARACALLA, MARCUS-CICÉRO, RÉGULUS,
venant du fond avec plusieurs hommes du peuple.

CICÉRO.

Citoyen Réglisse, t'as tort, tu as t'absolument tort, citoyen Réglisse.

RÉGULUS *(il béjaie)*.
Ré...é...gulus sans te commander ci...toyen z'orateur.

CICÉRO.
Réglisse, c'est plus doux-t-à la bouche.

LA MÈRE CARACALLA.
(Elle a remis l'enfant à une des femmes qui sort.)
Et pourquoi t'es-ce qu'il a tort, le citoyen Régulus?

CICÉRO.
Voilà, mère Ca...ra...ca... *(il cherche)*.

LA MÈRE CARACALLA.
Caracalla.... ci-devant femme Alexis, débitante de bière, et connue pour son patriotisme.... veuve Caracalla, entends-tu?

CICÉRO.
C'est ça, je ne peux jamais me rappeler ces noms-là; et moi, mon nom déjà?

RÉGULUS.
Marcus Tul...lius... Ci...céro.

CICÉRO.
Oui... Marcus Cicéro... j'y suis... avant j'avais t'eu la douleur de me nommer Saint-Loup-le-Comte, marchand de sangsues z'hollandaises.

La mère Caracalla.

Saint-Loup, mais il n'y a plus de Saints; abolis!

Cicéro.

C'est vrai.

UN ENFANT.

Le comte? n'y a plus de comtes!

Cicéro.

Je le sais.... mais on n'a point z'aboli les loups.... n'est-ce pas? et on aurait pu, je crois, sans aucun danger me laisser ce nom là.... Enfin, je trouve bon de préférer m'appeler.... (*Il doit toujours faire sonner bruyamment les r.*) Marcus Tullius Cicer......

Régulus.

O......

La mère Caracalla.

Oui Cicéro.

Cicéro.

C'est plus ronflant.... j'suis donc z'entrain de faire z'une émotion z'à la section des tanneurs et négociant en cuir.

Régulus.

Dont je suis t'un.

Cicéro.

Dont il est z'un.

L'ENFANT.

Qu'est-ce que c'est qu'une émotion?

Cicéro.

Comment, ce que c'est, citoyen.... polisson.... mais.... c'est.... voilà ce que c'est. *(Il lui donne un coup de pied.)*

L'ENFANT.

Merci.

CICÉRO.

Le général *d'Yorche*, qui commande les Autrichiens...
propose qu'on rende Valenciennes aux alliés, z'ou bien
il va nous bombarder.... tu comprends?

LA MÈRE CARACALLA.

Oui.... Eh bien?

CICÉRO.

Eh ben? moi, z'en qualité d'orateur de la section, j'ai
pris la parole, et je leurs y ai dit : Citoyens, Valenciennes est française.... Elle restera française; la rendre,
jamais !!....

LA MÈRE CARACALLA.

Je le crois bien, qu'elle ne se rendra pas.... Régulus
n'était donc pas de ton avis.

RÉGULUS.

J'avoue que non.... je suis peu ami du bombardement.... de la fa...a...mine.... ce n'est pas sain.

LA MÈRE CARACALLA.

Livrer Valenciennes, notre pays, à tous ces gredins
d'Autrichiens.... Tais-toi geôlier de malheur.... Eh ben,
quand tous nos hommes seront tués sur les remparts, ce
sera not' tour à nous.... N'est-ce pas, vous autres?....

LES FEMMES ET LES HOMMES.

Oui ! oui !

LA MÈRE CARACALLA.

Et tant que nous aurons une goutte de sang et une
cartouche, les Autrichiens ne mangeront pas not' pain et
n'boiront pas not' bière.... Les femmes de Valenciennes
ont du cœur....' entends-tu, vieil aristocrate ! elles ne
veulent pas d'Autrichiens.... Mort aux Autrichiens, et
vive la Nation !....

TOUS.

Vive la Nation !

RÉGULUS.

Aristo...o...crate, moi !.... a...ap...prenez que je suis meilleur sans-culotte que vous.... ci...i...toyenne ma...-ar...chande ; j'ai fait mes preuves à la tran...an...chée. Aristocrate !

CICÉRO.

Tu as-t-été trop avant.... mais t'as t'un moyen de te réhabiliter.

(Onze heures sonnent au Beffroi. On entend le tambour.)
(Tous remontent , excepté Cicéro et Régulus.)

LA MÈRE CARACALLA.

Voilà les Représentans du Peuple avec la Commune et les Notables.

(Fanfares.)

CICÉRO *à Régulus.*

Tu vas jurer z'avec nous de défendre Valenciennes ; autrement, tu risques d'être dénoncé z'au Comité du Salut public.

RÉGULUS.

Je...e...risque.... je...e...jurerai.......

(On entend crier dans la coulisse : Vive la Nation ! — *Musique. —* Cortége (*). — *Les troupes débouchent des rues adjacentes, se rangent sur la place. — Le cortége sort de la maison commune.*

(*) Les représentans du peuple Cochon et Briez, le général Ferrand, commandant en chef, suivi de son état-major, le président et les juges du directoire de district, le maire de la ville, les officiers municipaux et les notables.

SCÉNE III.

RÉGULUS, CICÉRO, LA MÈRE CARACALLA, L'EN-
FANT, Le Peuple, Les Troupes, CHARLES COCHON,
BRIEZ, *représentans du peuple*, Le citoyen POUR-
TALÈS, *maire de Valenciennes*; — Suite, *etc.*

Les Représentans, le Maire et les Autorités se placent sur
les marches de l'Autel de la Patrie. — Les tambours
battent au champ.

Briez.

Citoyens ! les Représentans du Peuple réunis dans ce
jour solennel au citoyen *Ferrand*, commandant votre
place ; à *Pourtalès*, maire de la ville, ce Citoyen qui ne
recula et ne fléchit jamais devant les dangers et devant
ses devoirs; aux citoyens Rebut, Hécart et Hamoir-
Ducroisié, membres de la commune, ces modèles de
patriotisme et de courage; aux honorables citoyens,
notables de Valenciennes, Verdavainne, président du
tribunal de commerce, Delahaye, Romain Delamme,
aide-de-camp du général Ferrand, Menu, substitut du
procureur de la commune, et Mortier, secrétaire-
greffier, après avoir repoussé, comme il convient à des
hommes qui veulent vivre et mourir libres, les honteuses
propositions de capitulation faites par le général Yorck,
commandant les forces combinées d'Autriche, d'Angle-
terre et de Hanôvre, viennent aujourd'hui prêter, avec
vous, sur l'Autel de la Patrie, le serment qui doit nous
lier.... tous.... à la défense de Valenciennes.

Il pose la main droite sur le Livre de la Loi et prononce
le serment historique suivant : « Je jure d'être fidèle à la
» République une et indivisible, de maintenir de tout mon
» pouvoir et de toutes mes forces la liberté, l'égalité et
» la souveraineté du peuple français, et de mourir à mon
» poste en les défendant. Je jure, de plus, de ne jamais

» consentir à aucune capitulation, ni même de vouloir
» en entendre parler, et de m'ensevelir sous les ruines
» de la ville plutôt que de l'abandonner aux ennemis de
» la patrie !

(*Fanfares; le peuple se met à genoux; les soldats pré-
sentent les armes. Entre chaque serment, les tambours
battent au champ, les clairons sonnent des fanfares,
et le peuple et les soldats crient :* Vive la Nation! vive
la France !)

SCÈNE IV.

Les mêmes, JEANNE, puis ANDRÉ.

*Jeanne entre au moment où Briez achève la proclamation,
elle s'avance timidement au milieu des groupes.*

JEANNE.

Oh ! mon Dieu ! venir ici, au milieu de tous ce peuple!...
mais il faut que je lui parle.... lui seul peut me sauver
peut-être ? Comment le connaître ?

CHARLES COCHON.

(*La main sur le livre.*) Je le jure.

LE GÉNÉRAL FERRAND.

Au nom du Conseil de Défense, je le jure !

POURTALÈS.

Au nom de la Commune, je le jure.

ANDRÉ (*qui a paru à droite*).

Au nom des canonniers bourgeois et du peuple de
Valenciennes, moi aussi, je le jure.

TOUS.

Vive la Nation ! vive le citoyen André Bernard !

JEANNE.

(Tirant vivement un papier de son sein.)

C'est bien son nom ! c'est bien lui !

CICÉRO *à Régulus.*

Ah ! çà, toi z'aussi, Citoyen , jure donc.

RÉGULUS, *à mi-voix.*

Sans...ans...doute..., je le jure.....

BRIEZ.

La Nation, entière, compte absolument sur le zèle, l'énergie et l'active surveillance de tous les citoyens-soldats qui se trouvent actuellement dans Valenciennes. Canonniers bourgeois ! vous occupez le poste le plus périlleux. C'est à vous qu'est confiée la défense du front de la place ; vous le protégerez vaillamment, nous n'en doutons pas. La ville de Valenciennes est un des principaux boulevards de la France : résister aux attaques de l'ennemi, conserver cette place, c'est donc être appelé à l'honneur et à la gloire d'avoir opéré le salut de la patrie.

TOUS.

Vive la Nation ! vive la France !

(Les troupes défilent devant l'autel, les tambours battent au champ, et les clairons sonnent des fanfares.)

SCÈNE V.

LES MÊMES , moins les Représentans et ANDRÉ.

(Un colloque s'établit dans le groupe d'hommes à gauche du spectateur.)

JEANNE.

(Remontant un peu et voyant sortir André (à part.)

Il s'en va !

RÉGULUS.

Ci....i....toyens..... regardez - donc là, parmi les ci-
toyennes....

(*Il montre le groupe de femmes.*)

LA MÈRE CARACALLA, *qui s'est approchée.*

Quoi ?...

RÉGULUS.

Eh bien, vous ne voyez pas, cette jeune citoyenne,
là, en face de moi !

LA MÈRE CARACALLA.

Si, si, je la vois bien, mais qu'a-t-elle ?

RÉGULUS.

Je l'ai re...e...gardée, durant toute la cérémonie, et
elle n'a pas fait comme les autres ; elle n'a pas le...c...vé
la main, pour pré...é...ter serment, au contraire, elle
a...a... paru triste.

CICÉRO.

Bah ! c'est véridique ?

RÉGULUS.

Oui, et j'ai idée....

LA MÈRE CARACALLA.

Quoi ?

RÉGULUS.

Eh ben ! v'là : c'est peut-être une aristo...o...crate
déguisée, qui nous...ou... *expionne* ; v'là mon idée, à
moi.

CICÉRO.

Ah ! c'est ton idée, z'à toi !

JEANNE.

(*A part.*) Qu'ont-ils donc à me regarder ainsi.... et il
ne revient pas !

CICÉRO.

Tiens ! c'est possible.

LA MÈRE CARACALLA.

Faut voir ! faut voir !

CICÉRO.

Et si ça est, saisissons l'aristocrate !

(*Ils se précipitent sur Jeanne.*)

TOUS.

Oui ! oui !

SCÈNE VI.

LES MÊMES, ANDRÉ (*paraissant.*)

JEANNE.

(*A part.*) C'est à moi qu'ils en veulent.

RÉGULUS.

En...en...prison !

JEANNE.

Oh ! mon Dieu ! que faire ?....

TOUS.

En prison !

ANDRÉ.

(A part.) Elle ici. *(Haut.)* Eh bien, mes amis, citoyens !
pourquoi ces cris?... que voulez-vous à cette jeune fille ?

(Il se place à côté de Jeanne toute tremblante.)

CICÉRO.

C'est z'une aristocrate, elle n'a pas prêté serment.

RÉGULUS.

Et elle est triste, quand...an... nous sommes...ommes...
joyeux.

ANDRÉ.

Hé! quoi! n'avons-nous pas assez d'ennemis, sans nous en créer d'imaginaires? qui vous dit que cette jeune fille ne partage pas la joie que nous ressentons tous, en voyant l'ardeur guerrière, le patriotisme que nos concitoyens montrent, prêts qu'ils sont à défendre courageusement Valenciennes, notre ville chérie, contre les étrangers qui viennent nous ravir la liberté. *(A Cicéro.)* Et c'est toi, Cicéro, dont le patriotisme est connu de tous; c'est toi qui, sur un soupçon, ameute des citoyens contre une femme! *(A part.)* Il faut la sauver à tout prix. *(Haut.)* Eh bien! cette femme que vous ne sauriez connaître, parce que d'ordinaire elle ne vient pas parmi vous, je la connais, moi! je réponds d'elle.

CICÉRO.

Toi, citoyen?

TOUS.

(Murmures.)

JEANNE.

(A part.) Que dit-il?

ANDRÉ.

(Vivement et bas.) Ah! ne me démentez pas! *(Haut.)* Oui, elle a fait aujourd'hui acte de civisme, et s'il faut tout vous dire...... Cette femme est ma cousine, ma fiancée!

(Etonnement de Jeanne. André lui prend la main.)

RÉGULUS.

(Etonné.) Ah! c'est différent!

CICÉRO.

Dame! je ne savais pas, moi... Puisque c'est ta cousine, tant mieux.... Excuse, citoyenne! Allons vous autres, venez... je vais t'à la section, faire z'une émotion.

RÉGULUS.

Viens... plus...u...u...tôt, au mar...ar...ché aux cuirs,
avec moi.

CICÉRO.

Tu-y-a t'à faire... j'y vais... ça me va.

ANDRÉ.

Oui, allez à vos occupations, mes amis... Et n'oubliez
pas qu'avec des intentions pures, vous alliez commettre
une lâcheté... Ne l'oubliez pas, surtout au milieu de nos
dangers, afin que nous restions aussi justes que coura-
geux.

TOUS.

Oui, oui !

(Ils s'éloignent.)

La mère Caracalla chante en s'éloignant :

Nous n'avons qu'un temps à vivre ;
Amis, passons-le gaîment ;
De tout ce qui peut s'en suivre,
N'ayons jamais nul tourment.

SCÈNE VII.

JEANNE, ANDRÉ.

*Le jour commence à baisser pendant le courant de cette
scène. L'effet doit être combiné de façon que le théâtre
soit dans une demi-obscurité à la fin du monologue d'André
(Scène VIII.)*

JEANNE.

(A part.) Comment le remercier?... Comment lui dire?...
(A André, qui est revenu vers elle.) Monsieur... *(Timidement et avec hésitation.)* Citoyen....

ANDRÉ.

Vous hésitez à vous servir de ce mot nouveau ; il vous
répugne ; peut-être vous rappelle-t-il un passé que vous
ne pourriez oublier. Oh ! mon Dieu ! nommez-moi comme
vous voudrez : nous sommes seuls ici.

JEANNE.

Que vous êtes noble et bon !

ANDRÉ.

Mademoiselle !

JEANNE.

Laissez moi vous dire toute ma reconnaissance !

ANDRÉ.

Votre reconnaissance ?

JEANNE.

Oui , ne venez-vous pas de me sauver la vie peut-être ?

ANDRÉ.

J'ai rappelé à la raison des hommes devenus défians et
irrités par la position que nous font les étrangers... voilà
tout : chacun de cés hommes , peut-être, est capable d'en
faire autant... Mais vous ne comprenez pas cela , sans
doute, Mademoiselle ; car tout me l'indique, vous appar-
tenez à cette classe que le peuple poursuit aujourd'hui de
sa haine et dont les douleurs me touchent , bien qu'elles
soient méritées.

JEANNE.

Oh ! de grâce !

ANDRÉ.

Vous ne pouvez savoir les nobles instincts , la grandeur
des sentimens de ces hommes du peuple, de ces citoyens
de Valenciennes , devenus en un jour de valeureux soldats pour défendre leur patrie.

JEANNE.

(*A part.*) Oh ! mon père ! il est tel que tu l'as espéré :
fier et généreux.

ANDRÉ.

Mais les moments sont précieux ; dites-moi, si je puis
le savoir, pourquoi je vous trouve ici, sur la place publique, seule....

JEANNE.

Mais... c'est vous que je venais y chercher.

ANDRÉ.

Moi ?

JEANNE.

Oui, vous avez dit vrai, Monsieur, je suis obligée de
me cacher ; les lois me proscrivent.

ANDRÉ.

Grand Dieu !

JEANNE.

Ah ! si vous saviez combien j'ai souffert. Il y a deux
mois, mon père, dénoncé, forcé de fuir, alla demander
un asile au duc d'Yorck, général des troupes alliées....
Ne pouvant se résoudre à m'exposer à tous les périls qu'il
allait braver, il m'avait trouvé une retraite chez d'an-
ciens serviteurs, aux environs de Douai.... J'espérais y
demeurer long-temps ; mais une nuit, la maison que
j'habitais fut cernée, envahie par des soldats... Folle de
frayeur, je pris la fuite, et, seule, emportant pour toutes
ressources quelques bijoux que j'avais sur moi, je mar-
chai long-temps ; enfin une femme m'offrit un abri mo-
mentané, et un matin, mêlée à des groupes de paysans,
il me fut possible d'entrer dans Valenciennes.

ANDRÉ.

(*A part.*) Pauvre jeune fille !

JEANNE.

Oh ! vous comprenez toutes mes douleurs... Je vins
sous un nom obscur, habiter une triste et sombre maison
de la rue de l'École des Pauvres.

ANDRÉ.

(*A part.*) En effet... c'est là que je la vis pour la première fois.

JEANNE.

Bientôt, la misère, misère affreuse, je vous assure,
vint m'accabler... Souvent j'ai eu-froid... et je n'ai pas
honte de vous le dire , j'ai eu faim !

ANDRÉ.

(*A part.*) Admirable courage !

JEANNE.

Je vivais ainsi dans la pauvreté et l'oubli, je le croyais
du moins ! Résignée, j'attendais l'heure de ma délivrance ;
mais hier, au moment où, comme chaque jour, j'adres-
sais à Dieu une fervente prière, pour hâter le moment si
désiré qui doit me rendre mon père..., des femmes de la
maison pénétrèrent jusqu'à moi, et me voyant ainsi,
firent éclater des soupçons et des menaces...

ANDRÉ.

Faire un crime de la prière !

JEANNE.

En présence d'un danger nouveau, je n'avais plus le
droit d'hésiter. Le peuple devait s'assembler ici, je le
savais ; aussi, tout-à-l'heure, je suis venue sur cette
place.... Oh ! j'ai eu bien peur !

ANDRÉ.

(*A part.*) Noble enfant !

JEANNE.

Mais il fallait à tout prix, c'était mon dernier espoir,

vous remettre une lettre que mon père m'avait donnée
pour vous.... Heureusement Dieu m'a conduite !

ANDRÉ.

Une lettre ?... de votre père ? pour moi !...

JEANNE.

La voici !

ANDRÉ.

(*Lisant.*) « Proscrit, fugitif... je confie ma Jeanne,
« ma fille bien - aimée, à votre honneur et à votre
« loyauté... Dieu veuille qu'elle arrive jusqu'à vous.
                     « Comte DE LOISY. »
Le comte de Loisy ! quoi ! vous seriez ?

JEANNE.

Jeanne de Loisy.

ANDRÉ.

Oh ! merci, mon Dieu ! merci, puisque cette noble
enfant est la fille du comte de Loisy, de mon généreux
bienfaiteur !... (*A part.*) Et depuis un mois, j'admirais
ses vertus et sa beauté, sans la connaître, sans savoir
qu'elle avait besoin de moi. (*Haut.*) Béni soit votre père,
qui a bien voulu vous confier à mon honneur et à ma
loyauté... Le comte de Loisy peut toujours être assuré du
dévouement d'André Bernard. — Disposez de moi..., à
vous mon sang et ma vie.

JEANNE.

Oh ! je suis sauvée !

ANDRÉ.

Mais pourquoi avoir gardé cette lettre si long-temps ?

JEANNE.

J'avais peur de vous compromettre..., et quand il a
fallu céder à la nécessité, on m'a dit que vous étiez au
camp de Famars.

ANDRÉ.

Fatalité ! Enfin... oublions ces malheureux jours... et surtout prévenons un avenir plus déplorable encore... Il faut quitter la maison que vous habitez, car les soupçons grandissent vite à notre époque !

JEANNE.

Vous avez raison; aussi, j'ose espérer que vous me donnerez le moyen de rejoindre mon père.

ANDRÉ.

Vous ! aller dans le camp des étrangers qui assiègent Valenciennes ! par moi ! oh ! jamais !... jamais !...

JEANNE.

Ciel !...

ANDRÉ.

Je ne puis faciliter cette fuite... et cependant... mais non, c'est impossible !

JEANNE.

Monsieur André ?...

ANDRÉ.

Ah !... il m'en coûte de vous parler ainsi; mais sachez le bien, vous ne sauriez sortir de nos murs; il y aurait pour vous, noble enfant ! un danger de mort presque certain.

JEANNE.

Que faire alors, mon Dieu !

ANDRÉ.

Rester dans Valenciennes... mais cette fois, vous aurez un asile impénétrable... ma maison sera la vôtre.

JEANNE.

Votre maison !

ANDRÉ.

Ah ! soyez sans crainte..., la maison d'un homme du peuple est un modeste abri, mais l'honneur en est le gardien... Ah ! je vous en prie, acceptez !

JEANNE.

Mais vous pouvez vous perdre pour moi.

ANDRÉ.

Avant tout je dois vous sauver... Songez-y : je réponds de vous à votre père... la nuit vient, la place est déserte ; hâtez-vous d'aller chercher ce que vous pouvez tenir à conserver.

JEANNE.

Seule ?...

ANDRÉ.

Oui, seule ; il serait dangereux, peut-être, qu'on nous vit de nouveau ensemble... Allez, allez bien vite.

JEANNE.

Je vous obéis... Ah ! mon Dieu ! vous seul pourrez récompenser un si noble dévouement ! (*Elle sort.*)

SCÈNE VIII.

ANDRÉ (*seul*).

ANDRÉ.

Ainsi, me voilà seul maintenant, chargé du salut d'une femme proscrite... j'irai me battre pour la République, et ma maison servira d'asile à ses ennemis. Les lois que je défends les armes à la main, je les violerai chez moi !... étrange destinée ! et pourtant, je ne pouvais hésiter ! la modeste fortune que je possède, je la dois au comte de

Loisy... Engagé dans un procès difficile, devant le Parlement de Douai, mon père se voyait sur le point de le perdre, car ses adversaires mettaient en œuvre les moyens les plus vils ; déjà même ils avaient su acheter la conscience de plusieurs de leurs juges, lorsqu'il s'adressa à M. le comte de Loisy, l'un des conseillers chargés de siéger dans cette affaire ; et, grâce à sa probité, à sa généreuse intervention et à sa fermeté, nous restâmes possesseurs des biens qu'on voulait nous ravir. De pareils actes restent gravés dans la mémoire et dans le cœur... Ma reconnaissance ne pouvait faire défaut au comte dans un moment si solennel ! Malheur à qui oublie les services rendus !!!... Et puis, comme il a noblement compté sur moi... « Je « vous confie ma Jeanne bien aimée ! » Jeanne !!! oh !... tais toi, mon cœur !... Jeanne n'est plus pour toi une jeune fille inconnue, que tu pouvais aimer ! c'est la fille du comte de Loisy qui te demande aide et protection... C'est un hôte que Dieu a placé sous ta garde !

SCÈNE IX.

ANDRÉ, JEANNE.

ANDRÉ.

La voici !

JEANNE.

Ah ! Monsieur, votre bonté surpasse encore mes malheurs... Mais comment pourrai-je reconnaître jamais....

ANDRÉ.

Le comte de Loisy a épargné à ma famille la honte et la misère ; en vous sauvant, j'acquitte une dette ; je fais mon devoir. (*Il va à la porte de sa maison et l'ouvre.*)

SCÈNE X.

LES MÊMES, RÉGULUS, CICÉRO.

(*Ils entrent vivement et avec précaution.*)

(*Ils restent au fond.*)

RÉGULUS.

(*A mi-voix.*) Ah ! ah ! la...a... voilà sa...a cousine.

CICÉRO.

(*A mi-voix.*) C'est z'étrange, elle n'est point z'hupée sa cousine. Il a son chapeau z'à la main... Il y a là-dessous t-un complot ; viens à la section, je ferai z'une émotion.

RÉGULUS.

A...a...allons....

(*Ils sortent.*)

SCÈNE XI.

ANDRÉ, JEANNE, puis UN HOMME.

ANDRÉ.

Entrez avec confiance ; cet asile est sacré, car vous y serez sous la protection de mon honneur... Quand on parle d'honneur, il y a toujours de l'écho dans le cœur des citoyens de Valenciennes.

JEANNE.

Dieu récompense les nobles dévouements... Mon bienfaiteur, je vais prier pour vous.

ANDRÉ.

Oui, priez, priez pour nous tous ! bientôt nous en

aurons besoin... peut-être!... Du monde... on vient de ce côté... Entrez, entrez vite.

(*La dernière phrase d'André a été précédée d'un bruit confus de voix. — Des hommes armés traversent le fond du théâtre en chantant.*)

SCÈNE XII.

Le Peuple, ANDRÉ, JEANNE.

Elle est sur le seuil de la porte. — Un homme vêtu d'un costume d'ouvrier a paru au moment où Jeanne est entrée.

L'HOMME.

C'est elle, enfin !... oh ! je la reverrai !

FIN DU PREMIER ACTE.

ACTE DEUXIÈME.

Un salon. — Porte au fond, donnant sur une allée, qui elle-même donne sur la place de Valenciennes. — A droite du spectateur, une grande fenêtre grillée et garnie de rideaux; les rideaux sont fermés. — Une porte à droite et une à gauche, donnant sur des appartemens; la porte à gauche du spectateur conduit chez Jeanne.

SCÈNE PREMIÈRE.

ANDRÉ BERNARD, DINAUX, BELANGER, SIMON MASSY, *officiers des canonniers*, MENU, POURTA-LÈS, LE GÉNÉRAL FERRAND, ROMAIN DELAMME, *son aide-de-camp*, COCHON, BRIEZ, *représentans.*

A gauche, Menu, secrétaire de la commune, *est assis devant une table;* André, Dinaux, Belanger, Simon Massy, *debout derrière; au milieu,* le maire Pourtalès, *assis devant une table; à droite et à gauche, debout,* Briez et Cochon...; *à droite et debout,* le général Ferrand.

FERRAND.

Je vous ai rassemblés ici, chez André Bernard, loin du tumulte qu'engendrent trop souvent parmi le peuple, nos délibérations dans la maison commune, pour porter à votre connaissance l'insolente proposition qui vient de m'être adressée par le général ennemi.

BRIEZ.

Nous écoutons.

FERRAND (*lisant.*)

« Frédéric, duc d'Yorck, commandant l'armée com-
« binée du siége de Valenciennes, au général Becays-
« Ferrand, commandant de place,

» Monsieur,

« Avant de commencer un siége meurtrier et des-
« tructif, je viens vous sommer de rendre à Sa Majesté
« l'Empereur la place où vous commandez, et vous offre
« une capitulation qui sauvera l'honneur, la vie et les
« propriétés de la garnison et des habitans. L'alternative
« en sera cruelle; je vous invite très-sérieusement,
« Monsieur, à balancer ces deux partis, dont l'un serait
« la conservation et la protection, l'autre la ruine irré-
« médiable de toutes les possessions dans cette ville.
« Puissiez-vous répondre à ma proposition par le même
« esprit qui me l'a dictée.

« De la tranchée, devant Valenciennes, le 14 juin 1793,
« à quatre heures du soir.

« Signé : FRÉDÉRIC, DUC D'YORCK. »

ANDRÉ.

Ta réponse ?

FERRAND.

La voici : « Le même jour. J'ai reçu la lettre que vous
« m'avez fait l'honneur de m'écrire, où vous me faites
« sommation de rendre la place que j'ai l'honneur de
« commander au nom de la République française. Il
« m'est fort aisé de vous faire parvenir promptement ma
« réponse; vous voudrez bien en juger par le serment
« que j'ai renouvelé avec ma garnison et les habitans. »

BRIEZ.

Ta réponse est digne de toi, Général, et digne de la
brave garnison que tu commandes... (*A Bernard et aux*
autres canonniers.) Qu'en pensez-vous, Citoyens ?

ANDRÉ.

Valenciennes périra par le fer et la flamme, plutôt que de se rendre. Nous l'avons juré; nous tiendrons notre serment. Les Artilleurs bourgeois, représentés ici par leurs chefs Belanger, Simon Massy et Dinaux, ont des canons et des boulets qui se chargent de répondre pour eux.

BRIEZ.

Heureuse la cité qui possède de tels citoyens.

POURTALÈS (*se levant*).

Les propositions insultantes, adressées à la garnison sont renouvelées à la municipalité de Valenciennes. Dans la lettre qu'il nous adresse aussi, le général Yorck nous menace de la ruine de nos maisons, de nos fortunes, de la perte de nos propriétés et de notre existence....« La commune représente la cité; elle doit veiller toute à la fois à la conservation de ses biens et de son honneur... La commune vous propose donc, par ma voix, de décider en quels termes elle devra répondre à la sommation du général ennemi.

BRIEZ.

Il vous suffit de ratifier les paroles de votre brave général.

CHARLES COCHON.

Oui, comme les siennes, vos paroles doivent être fermes et concises, ainsi qu'il convient à des hommes de cœur... Voici le mode de rédaction que je propose au conseil :

A Frédéric, duc d'Yorck,

Nos propriétés et notre existence ne sont rien auprès de notre devoir... Nous serons fidèles au serment que nous avons fait, conjointement avec notre brave général, et nous ne pouvons qu'adhérer à la réponse qu'il vous a faite.

Fait et délibéré par les Représentans, réunis au

général Ferrand et aux membres délégués de la commune, le 14 Juin 1793.

TOUS.

Oui, c'est cela, nous approuvons tous.

POURTALÈS.

Ces nobles paroles sont l'écho fidèle de nos sentimens...
J'y souscris sans restriction et du fond de mon âme.

BRIEZ.

Envoyons, sans retard, ces deux lettres.

POURTALÈS.

Citoyen secrétaire, mets les adresses au duc d'Yorck.

ANDRÉ.

Pardon! la pureté de nos maximes républicaines, ne
saurait permettre que nous donnions au général ennemi
la qualité de duc d'Yorck.

BRIEZ.

C'est juste; la République ne reconnaît pas de pareils
titres.

POURTALÈS.

Mais alors!

BRIEZ.

L'adresse et le cachet sont inutiles.... Citoyen, enveloppez ces lettres dans ces rubans... Les Autrichiens
n'auront jamais vu de si près nos couleurs nationales....
(A l'aide-de-camp.) Et maintenant, citoyen Delamme...
au quartier-général des ennemis, sans retard !

FERRAND.

Notre réponse est le signal du bombardement de la
place; l'artillerie anglaise attaquera, sans nul doute, nos
ouvrages de la position de Mons.... Les quartiers de
Tournay et de Notre-Dame, courront les plus grands
dangers; que toutes les pompes soient dirigées de ce

côté, capitaine Claude Perdry ; Simon Massy, Dinaux, rendez-vous à votre poste de combat.... André, attends ici mes ordres, l'heure des périls sérieux est venue ; nous tous, allons préparer nos moyens de défense.

TOUS.

Vive la France !

SCÈNE II.

ANDRÉ *seul.*

ANDRÉ.

(Il va à la porte de Jeanne et écoute.)

Elle dort toujours... oui, tu fais bien : dors long-temps chère enfant, Dieu a donné le sommeil à l'homme pour réparer ses forces et lui faire oublier la misère... Dors long-temps, bien long-temps, car tu dois souffrir et pleurer encore !... *(Moment de silence.)* Je la plains, moi !... et j'oublie... oui, j'oublie combien moi-même je souffre !... Oh ! pourquoi cet amour, amour insensé ! m'est-il venu au cœur, et à quel moment, grand Dieu !... Aujourd'hui, tout bon citoyen ne s'appartient plus, son courage, sa force, son intelligence, son enthousiasme même, tout cela n'est plus à lui ; tout cela appartient à la patrie que l'étranger menace ! La mort, cette nécessité fatale, qui détruit tous les projets, met à néant toutes les illusions, la mort peut venir, à toute heure, à chaque instant, réclamer sa proie ; et moi, au lieu de songer à toutes ces choses grandes et solennelles, je laisse errer mon cœur au gré de mille désirs... J'aime !...... aimer ! c'est-à-dire deviner par la pensée de suaves caresses, rêver des bonheurs qu'envieraient les anges, des énivre-mens sans fin..., des joies que Dieu seul a pu inventer !... Mais non, c'est un songe, et le réveil sera terrible ! un jour, demain, dans une heure peut-être... quand je serai

au bastion national, un boulet anglais viendra me briser
la poitrine, et mon amour s'envolera aux cieux, d'où il
est descendu!... Oui, mais alors aussi, la pauvre fugitive
restera seule ici, sans ami, sans appui, et... oh ! cette
pensée est horrible !... mon Dieu ! Pitié pour elle ! pitié
pour Jeanne !......

SCÈNE III.

ANDRÉ, JEANNE.

(Elle entre au moment où il prononce son nom.)

JEANNE.

(*A part.*) Il a prononcé mon nom ; que disait-il ?
comme il a l'air triste !...

(*Elle va à lui doucement et s'appuie sur son épaule.*)

ANDRÉ.

(*Il la regarde avec satisfaction.*)

Vous ?

JEANNE.

Eh bien, oui, c'est moi ; n'êtes vous pas content
de me voir ?... je vous ai dérangé peut-être ? je suis si
heureuse, moi, d'être avec vous.

ANDRÉ.

Oh ! si vous saviez combien j'ai de bonheur à vous voir
aussi insouciante et rieuse... oubliant l'orage qui gronde
sur nos têtes, bannissant la tristesse... Pauvre fleur sans
soleil, votre âme renaît à l'espérance.

JEANNE.

Mais, vraiment, faudrait-il mieux être comme vous,
quand je suis entrée ?

ANDRÉ.

Que voulez-vous dire?

JEANNE.

Sans doute, vous paraissiez bien triste, en prononçant mon nom.

ANDRÉ.

(Avec hésitation et crainte.)

Vous m'avez entendu?

JEANNE.

Certainement.

ANDRÉ.

(A part.) Saurait-elle?... *(Haut.)* Eh bien !

JEANNE.

Eh bien, vous avez dit mon nom d'une voix douloureuse, et cela m'a fait mal.

ANDRÉ.

(A part.) Elle ne sait rien... oh! puisse-t-il en être toujours ainsi. *(Haut.)* Pardonnez-moi, Jeanne !

(Jeanne manifeste de l'étonnement.)

ANDRÉ *(continuant.)*

Oh ! laissez-moi vous appeler ainsi, comme un frère ferait à sa sœur, et, croyez-le, pour cela mon respect n'oubliera pas quelle distance nous sépare... Mais vous l'avez vu déjà, nous pouvons avoir besoin de montrer que la familiarité ne nous est point étrangère...

JEANNE.

(Vivement.) Oh ! vous faites bien de me nommer ainsi, mon bon frère !...

ANDRÉ.

Jeanne ! vous êtes un ange.

JEANNE.

Un ange !... un ange !... je ne crois pas ! seulement, je
vous aime bien et je suis heureuse de vous le dire !

ANDRÉ.

(*A part.*) Quelle âme pure ! quelle innocence ! (*Haut.*)
Mais combien vous devez vous trouver mal ici, dans
cette maison si triste et si sombre, privée de la liberté
qui sied si bien à la jeunesse.

JEANNE.

Ne le faut-il pas ?

ANDRÉ.

Sans doute, et c'est ce qui me désespère.

JEANNE.

Oh ! vous avez bien tort !

ANDRÉ.

Enfin, espérons des jours meilleurs. Mais dites-moi,
Jeanne, n'avez-vous rien à me demander, avant que je
ne sorte ?

JEANNE.

Moi ?... non... rien !... (*A part.*) Si j'osais. (*Haut.*)
Mais vous sortez si tôt. Je vais rester seule... (*A part.*)
Peut-être le verrai-je encore !

ANDRÉ.

Combien je voudrais ne pas m'éloigner de vous !...
mais il le faut ! vous le savez, je vous l'ai déjà dit :
aujourd'hui c'est un jour terrible pour Valenciennes. Le
commandant de l'armée ennemie a sommé le général
Ferrand et la commune de rendre la place. Aussi, tous
ceux dont le cœur bat pour la patrie, doivent paraître
au grand jour. — Voilà pourquoi je suis forcé de vous
quitter, mais rassurez-vous, je reviendrai bientôt.

JEANNE.

Oh ! je vous en prie, bientôt ! (*A part.*) Alors, j'aurai peut-être le courage de lui demander....

ANDRÉ.

Adieu, noble enfant ! surtout, pas d'imprudence.

JEANNE.

Je vous le promets.

ANDRÉ.

Adieu !... (*Il veut lui baiser la main.*)

JEANNE.

Non, ce n'est pas ainsi qu'un frère donne un baiser à sa sœur. (*Elle lui montre son front.*)

ANDRÉ.

(*Il l'embrasse au front.*)

(*A part.*) Oh ! c'est trop de joie, mon Dieu !... (*Haut.*) Jeanne, n'oubliez pas de tenir cette porte fermée. (*Il montre celle du fond.*) N'ouvrez qu'au signal dont nous sommes convenus ; et si, par hasard, on voulait pénétrer ici de force, vous savez où vous trouverez une retraite assurée. (*Il lui montre la chambre à gauche du spectateur.*)

JEANNE.

Oui, soyez sans crainte.

ANDRÉ.

A bientôt ! (*Il sort, ferme la porte et Jeanne met un verroux.*)

SCÈNE IV.

JEANNE (*seule.*)

JEANNE.

Comme il est bon pour moi, M. Bernard ; il devine toutes mes pensées, tous mes désirs, à peine ai-je formé un vœu, il est rempli. Hier encore, il m'a envoyé cette toilette, si simple et si jolie... (*Elle se mire dans une glace.*) Comment n'être pas heureuse ainsi... Eh bien, il s'étonne de ma gaîté, de mon bonheur !... Oh ! mon Dieu ! s'il allait me croire insoucieuse, ou bien ingrate !... Oh ! non, c'est impossible ! et s'il savait combien ma joie cache d'inquiétude ! J'aurais dû le lui dire, sans doute... mais je n'ai pas osé. Pourquoi ? je n'en sais rien ; enfin, je n'ai pas osé !... et puis, peut-être me suis-je trompée... oh ! non, c'est bien lui que j'ai vu par•cette fenêtre... (*Elle montre la fenêtre à droite.*) Je l'ai reconnu tout de suite, malgré son déguisement... c'était bien Louis de Beaumont ; mon cœur me l'a dit, et il ne saurait me tromper, lui !... Comment se trouve-t-il dans Valenciennes ? quel péril il a dû affronter !... si c'était... pour moi !... peut-être m'apporte-t-il des nouvelles de mon père !... si je pouvais le voir, lui parler, rien qu'un instant... non, il faut y renoncer... Oh ! je me rappelle les années où nous avons vécu tous si heureux... Louis venait à notre château pendant les vacances, et nous courrions ensemble le parc, les prairies... souvent, dans nos promenades du soir, il me disait : je t'aime ! et il m'appelait sa chère Jeanne ! Oh ! ce temps est bien loin ! et depuis !... quelquefois, je chantais une ballade qu'il trouvait jolie... il l'a oubliée, sans doute... mais moi... oh !je m'en souviens encore... Si je la chantais encore... (*L'orchestre prélude.*) Oh ! oui ; il est si doux de se souvenir !

(Elle chante):

LA MORT DE JULIA.

<blockquote>
Ne restons pas sur la montagne,
    J'entends le vent venir.
Partons, partons, ô ma compagne,
    Oh ! craignons l'avenir !
Enfant, pour toi, pour toi que j'aime,
    Pour tes doux yeux,
Je donnerais mon sang lui-même,
    Ma part des cieux !
</blockquote>

Ainsi parlait, couché sur la bruyère,
　　Un soir d'hiver,
A Julia, jeune et fraîche bergère,
　　Le beau Bremmer.
Mais Julia, ne voyant pas l'orage
　　Dans le ciel noir,
Rejeta loin le sinistre présage :
　　Malheur au soir !

Voyez, voyez, au loin, l'éclair qui brille,
　　Et les lutins
Brisent, joyeux, près de la jeune fille,
　　Les vieux sapins !
Dans cette nuit, a dit ma bonne mère,
　　On entendit
Des cris affreux poussés par la chimère :
　　C'était l'esprit.

On ne voit plus Bremmer sur la colline,
　　Ni Julia,
Et le berger, qui lentement chemine,
　　Dit : ils sont là !...
Ils ont passé, pauvre fleur éphémère,
　　Le ciel est bleu...
Aux deux amans, pour nous douleur amère,
　　Disons adieu ! ! !

(*A peine le chant a-t-il cessé, un premier signal*
　　se fait entendre.)

J'ai bien entendue..., non, je ne me suis pas trompée.

　　　　Second signal.

C'est M. André... déjà !

　　　　Troisième signal.

Oh ! c'est bien lui , allons lui ouvrir.

SCÈNE V.

JEANNE, LOUIS DE BEAUMONT.

JEANNE *(stupéfaite.)*

Louis !

LOUIS.

Jeanne !

JEANNE.

Vous ici ?

LOUIS.

Oh ! tais toi, tais toi, je t'en supplie ! pas un mot, pas un geste ! Laisse-moi te contempler, t'admirer comme autrefois; laisse-moi te dire : Jeanne, ma Jeanne bien aimée, je t'aime ! mais toi, m'aimes-tu encore ? la pauvre jeune fille proscrite, a-t-elle souvenir du proscrit, la fiancée de Louis de Beaumont lui a-t-elle gardé sa foi et son amour ?

JEANNE.

Louis !

LOUIS.

Oh ! ma noble Jeanne ! oui, Dieu est juste; il me récompense de toutes mes douleurs. Que m'importent la persécution. et la souffrance, la proscription et la misère, maintenant, puisqu'un cœur bat pour moi, se souvient et m'aime ! Jeanne, si tu savais combien je hâtais de mes vœux cet heureux moment !... mes fatigues, mes démarches, pour y arriver !

JEANNE.

Être ainsi près de toi, après une si longue séparation... je ne l'espérais plus... Et cependant, je t'attendais toujours... Oh ! mais, dis, mon père ?...

LOUIS.

Ton père, Jeanne ? il est au camp du duc d'Yorck, pleurant sa belle Jeanne, l'orgueil et le bonheur de sa vie... Un soir il me parla de toi ; je vis ses larmes couler, en prononçant ton nom chéri... Oh ! s'écria-t-il, elle est perdue pour moi, sans doute ; jamais je ne la reverrai !... et je te le dis, Jeanne, il pleurait en parlant ainsi !

JEANNE.

Pauvre père !

LOUIS.

Alors, je résolus de m'introduire à tout prix dans Valenciennes, dussè-je y trouver la mort ! je jurai de te revoir et de te rendre à ton père ! Ma résolution prise, j'endossai l'uniforme d'un soldat de la garnison, fait prisonnier, et le lendemain, le 26 Mai, je vins, sous ce costume, à l'attaque du faubourg de Marly. Foudroyé par notre artillerie, il tint cependant douze heures ; mais enfin il fut réduit en cendres, malgré le courage de ses braves défenseurs ; et le général Beauregard, qui les commandait, fut obligé de rentrer avec eux dans Valenciennes, et à la faveur du tumulte irréparable de cette retraite précipitée, je pus entrer sans éveiller aucun soupçon.

JEANNE.

Et c'est pour moi que vous vous êtes exposé ainsi ?...

LOUIS.

Pour toi, Jeanne ! pour ton père, pour mon amour !

JEANNE.

Et une fois dans Valenciennes....

LOUIS.

Je me déguisai, et dès-lors, je n'eus plus qu'un but : te trouver. Soit hasard, soit la volonté de Dieu, j'y parvins enfin, et un soir, je te vis entrer dans cette maison, conduite par un homme en uniforme d'artilleur.

JEANNE.

Oui, M. André Bernard, il a été mon sauveur !

LOUIS.

Oh ! il m'a fait bien souffrir !

JEANNE.

Lui !

LOUIS.

Tu ne comprends pas quelles tortures ont dû déchirer
mon cœur, en te voyant ainsi, sous la protection d'un
autre homme que moi ! chaque jour, j'étais là, près de
toi, et je ne te voyais pas ; à chaque heure, j'épiais la
sortie de l'homme qui t'avait conduite ici, espérant pénétrer jusqu'à toi ; et toujours je le voyais rentrer, sans
avoir pu accomplir mon dessein. La nuit, je couchais
sur le seuil de cette maison, espérant un mot qui m'indi-
quât que tu étais bien là, et quand le jour paraissait,
nul bruit, si ce n'est celui causé par les patrouilles et les
cris des sentinelles, n'était venu troubler le silence
sinistre de ta demeure.

JEANNE.

J'ai deviné tout cela, car je t'ai vu par cette croisée,
hier...

LOUIS.

Et tu ne m'as pas dit : viens, viens ! Jeanne est ici,
elle t'attend !

JEANNE.

Le pouvais-je ? vingt fois, ce matin, j'ai voulu avouer
à M. André que tu étais là, que je voudrais te voir... ;
mais, après bien des hésitations, je n'ai plus osé, car
peut-être m'aurait-il refusée... Et puis, c'était abuser de
son noble dévouement !

LOUIS.

Ma persévérance devait être couronnée de succès...

Chaque fois qu'il se dirigeait du côté de sa maison, je le suivais pas à pas, observant ses moindres mouvemens ; écoutant s'il n'avait pas un mot, un geste qui le fit reconnaître de toi. Enfin, hier, je l'entendis frapper, avant d'entrer, quatre coups très-distincts : ceci me parut un signal. En effet, peu après le bruit d'une porte qui s'ouvrait vint jusqu'à moi... un sentiment révélateur m'agita ; j'étais enfin sûr de franchir la barrière qui, depuis quinze jours, s'élevait entre nous deux. Aussi, ce matin, j'ai guetté sa sortie ; mais la rue était pleine de monde, et j'ai dû attendre...

JEANNE.

(A part.) Comme il m'aime !

LOUIS.

Sitôt que le moment m'a semblé propice, je me suis élancé vers cette maison, qui renfermait toutes mes espérances, mon bonheur, ma vie ! Jeanne, maintenant me voici près de toi ; le sourire est sur tes lèvres, le bonheur dans tes yeux ! oh ! merci au ciel, qui m'a procuré ce moment de joie ineffable !... Mais cette chambre est bien triste et silencieuse... aucun livre, pas une fleur, rien pour te récréer, n'est-ce pas ?

JEANNE.

Non, rien. — Mais je suis en sûreté, protégée par le dévouement de celui qui m'a recueillie. Dans ma solitude, Louis, je pense à toi, à nos belles années... Et, pourquoi ne l'avouerais-je pas, aux douces paroles que tu me disais autrefois ; je répète, bien bas, la vieille ballade que tu aimais à m'entendre chanter... tout à l'heure, je la chantais encore ; mais tu ne t'en souviens plus ?

LOUIS.

Aurais-je pu l'oublier ! oh ! non, car il aurait fallu t'oublier aussi, Jeanne ! et t'oublier, toi ! tu le sais bien, c'est impossible. Tes chants si gracieux et si doux vibrent encore à mon oreille ravie, et maintenant il me semble

que je n'ai jamais souffert, que j'ai toujours vécu près
de toi. N'est-ce pas, Jeanne, deux cœurs qui s'aiment
ne sont jamais_séparés ! (*Il lui baise la main.*)

SCÈNE VI.

JEANNE, LOUIS, CICÉRO.

(*La porte est restée ouverte à l'entrée de Louis.*)

CICÉRO.

(*Voyant Louis embrasser la main de Jeanne.*)
Enfin, j' vais t'apprendre... Eh bien, là... ne vous
génez pas... recommencez... à votre aise, citoyen, bon
courage, citoyenne !

JEANNE.

(Avec effroi.) Mon Dieu !

LOUIS.

Que veut cet homme ?

CICÉRO.

C' t' homme ! c'est z'un citoyen... ce qu'il veut ?...
pardieu ! oui, qu'est-ce que je veux ? ah ! m'y voilà !
depuis queuques jours, je me disais : cette fameuse
parente du 30 Mai, qu'est-ce qu'elle est devenue ? je
voudrais bien la voir, et puis, c' te maison du citoyen
Bernard, pourquoi qu'elle est toujours fermée ? Je me
disais ça, à moi tout seul, et j'étais curieux de pouvoir
me répondre... J'arrive donc ; la porte est ouverte, contre
l'ordinaire...

JEANNE.

(*A part.*) Quelle imprudence !

CICÉRO.

Et je vois... pristi !... si z'André le savait !... le citoyen
qui baise les mains à la citoyenne, comme faisaient ces
gueux d'aristocrates

LOUIS (*à part.*)

Comment se débarrasser de cet homme. *(Haut.)* Tiens !
d'ami...

CICÉRO (*indigné.*)

L'ami ! j' suis pas ton ami ; j' suis t'un citoyen.

LOUIS.

Eh bien ! soit... voici ma bourse ! va boire à ma santé.
Laisse-nous.

JEANNE.

Oui, oui, M. André est sorti, ainsi, laissez-nous.

CICÉRO.

Excusez ! ma bourse ! va boire ! laisse-nous ! M. André !
pus que ça de langage monarchique ! ah ! ça ! dites donc
les autres, est-ce que... enfin... suffit, je m'entends !
(*A part.*) Voyons ?... (*Il s'approche de Jeanne, haut.*)
Y z'y paraît donc tout d' même, citoyenne, que t' aime
à faire l'amour... t' as t'un assez joli minois, sais-tu ?...
quelle taille ! Diable ! non, n'y a plus de diable.

JEANNE.

Monsieur !

LOUIS.

(*A part.*) L'insolent ! (*Il fait un mouvement, Jeanne le
contient d'un geste suppliant.*)

CICÉRO.

Au fait, pourquoi t'est-ce que tu ne m'aimerais pas,
moi z'aussi, et que je n'embrasserais pas...

LOUIS.

(*Qui s'est contenu, éclatant.*)
Misérable ! (*Il le fait passer violemment devant lui.*)

JEANNE.

Louis, de grâce !

CICÉRO.

Comment qu'il dit... hein?... misérable! c'est z'un aristocrate, c'est sûr! *(Il s'approche de Louis, haut.)* Sais-tu bien citoyen...

LOUIS.

(Il le repousse de la main, et son mouchoir effleure la figure de Cicéro.) Arrière, drôle! arrière te dis-je? que veux-tu? que prétends-tu?... Allons, parle ou va t'en, si tu ne veux que je t'assomme.

CICÉRO.

(A part.) Comme il y va!... allons, Cicéro, du courage... si c'est possible... ferme!... *(Haut.)* Je suis chez moi z'ici; non, chez le citoyen André Bernard; c'est la même chose... et puis, je veux t'embrasser la citoyenne. Elle est jolie tout d' même... *(Il veut encore l'embrasser.)*

LOUIS.

(Il prend Cicéro au collet.) Misérable!... tu oses encore...

CICÉRO.

Laisse-moi.

LOUIS.

Quand je t'aurai corrigé. *(Il lève la main prêt à frapper Cicéro.)*

JEANNE.

(Lui retenant le bras.) Oh! non, Louis, pas ici, pas devant moi... il faut qu'il parte seulement...

CICÉRO.

C'est-y fini bientôt?

LOUIS.

(Il le lâche.) Rends-lui grâce, et pars vite, ou sinon... *(Il fait un geste menaçant.)*

CICÉRO.

(*S'en allant.*) A la bonne heure, mais on verra...

LOUIS.

(*Il le pousse devant lui.*) Allons, plus vite !...

CICÉRO.

(*A la porte.*) Ah ! t' as des mains blanches... et des pièces d'or inconvenantes... ah! tu m'as t'appelé drôle !

LOUIS.

(*Lui indiquant la porte.*) Sortiras-tu ?

CICÉRO.

T' apprendras t'à connaître un orateur comme moi... entends-tu, aristocrate? Oh ! tu l'apprendras ! tu l'apprendras !... (*Il sort avec une dignité comique.*)

SCÈNE VII.

JEANNE, LOUIS.

JEANNE.

(*Elle s'est précipitée vers la porte, a tiré un verroux et revient.*)

Je tremble, mon Dieu ! ce misérable va te dénoncer peut-être ?

LOUIS.

Mais, non; rassure-toi, ma bien-aimée !

JEANNE.

Il peut rencontrer M. André... le prévenir. Louis, il faut nous séparer.

LOUIS.

Déjà ?

JEANNE.

Il le faut... M. Bernard peut revenir, et s'il te trouvait ici... oh! non, il ne le faut pas...

LOUIS.

Mais quand, comment te revoir?

JEANNE.

Peut-être je pourrai... j'oserai demander...

Un signal.

JEANNE.

Entends-tu?

Deux autres coups.

JEANNE.

C'est lui!

LOUIS.

Eh bien, je vais lui dire...

JEANNE.

Non, il ne doit pas te voir...

LOUIS.

Comment, alors...

JEANNE.

Laisse moi le prévenir.

ANDRÉ (*au dehors*).

Jeanne?

JEANNE, *à Louis.*

Mon Dieu!... oui, il faut te cacher... ah! ici... (*Elle lui montre le cabinet.*) Je t'en conjure?

LOUIS.

Mais !

JEANNE.

Oh ! pas de bruit, surtout !

(*Louis se renferme dans le cabinet.*)

(*Allant ouvrir.*) Que va-t-il arriver, mon Dieu !

SCÈNE VIII.

JEANNE, ANDRÉ.

ANDRÉ.

(*Il regarde Jeanne qui paraît livrée à la plus vive anxiété.*)

Jeanne, qu'avez-vous ? répondez ?

JEANNE.

(*Vivement.*) Moi ! oh ! je n'ai rien, je vous assure...

ANDRÉ.

Cependant... je le vois... vous êtes troublée.

JEANNE.

(*A part.*) Je ne puis me résoudre... (*Haut.*) Mais, non... vous vous trompez...

ANDRÉ.

C'est impossible !... au nom du Ciel, Jeanne, que s'est-il passé ici pendant mon absence ? vous tremblez... vous me cachez quelque chose... Ainsi, vous qui, il y a peu d'heures, m'appeliez votre frère... maintenant vous vous défiez de moi...

JEANNE.

Oh ! ne le croyez pas !

ANDRÉ.

Eh bien ! alors ?

JEANNE.

Oui, vous avez raison, je suis folle de craindre ainsi...
je vais tout vous dire...

ANDRÉ.

(*A part.*) Qu'est-ce donc ? (*Haut.*) Mais parlez, parlez
vite, mon enfant.

JEANNE.

C'est que...

ANDRÉ.

Allons, du courage, vous le savez bien, je ne puis
deviner...

JEANNE.

Vous ne me gronderez pas ?

ANDRÉ.

Vous gronder !... mais vous ne me connaissez donc pas
encore ? oh ! tenez, il faut que je parle... moi aussi ! il
faut que je vous dise enfin tout ce que je renferme là...
(*Il met la main sur son cœur.*)

JEANNE.

(*L'interrompant.*) Oui, je sais que vous êtes loyal et
franc. Depuis que Dieu m'a placée sous votre garde...
vos joies, vos chagrins, vous m'avez tout dit... je dois
vous imiter !

ANDRÉ.

Eh bien ! Jeanne, en ce moment je veux...

JEANNE.

(*A part.*) Il le faut ; mais c'est bien difficile !

ANDRÉ.

(*A part.*) Et je n'ose...

JEANNE.

M. André, pardonnez-moi, je vous ai trompé.

ANDRÉ.

Vous m'avez trompé !...

JEANNE.

Je n'ai pas été sincère... je vous ai caché que j'aimais quelqu'un.

ANDRÉ.

Grand Dieu ! qu'avez-vous dit ?

JEANNE.

Oui, j'aime un proscrit... il est mon fiancé dès l'enfance ; je l'aime de toute mon âme.

ANDRÉ.

Jeanne ! vous aimez !... (*A part.*) Et moi... malheureux insensé... j'espérais...

JEANNE.

Eh bien ?

ANDRÉ.

(*A part.*) Douce illusion de bonheur ! saint amour que Dieu avait mis dans mon cœur ; remontez vers lui !... elle ne m'aimera jamais !...

JEANNE.

Oh ! mon peu de confiance vous afflige ! vous pleurez !...

ANDRÉ.

O ma patrie ! à présent toi seule me restes ; Jeanne, l'amour est souvent la source des larmes.... Jeanne ! puisse-t-il en être autrement pour vous.

JEANNE.

Mais, mon ami, vous ne savez pas tout... celui dont je vous parle, je l'ai revu...

ANDRÉ.

Vous l'avez revu ! mais où ? quand donc ?

JEANNE.

Du courage, mon Dieu !... Oui, il a risqué sa vie pour
moi... il est rentré à Valenciennes... et à cette heure...

ANDRÉ.

Son nom ! son nom !

JEANNE.

Son nom !... c'est.......

LOUIS (*paraissant.*)

Le marquis Louis de Beaumont ! Monsieur.

SCÈNE IX.

JEANNE, ANDRÉ, LOUIS.

JEANNE.

Ciel !

ANDRÉ.

Chez moi ! Oh ! Jeanne ! Jeanne !

LOUIS.

Si vous devez blâmer quelqu'un, c'est moi, Monsieur.

ANDRÉ.

Mais enfin, me direz-vous ?

LOUIS.

Pourquoi? comment je suis ici?.... Je voulais voir
Melle de Loisy, et à force de persévérance, j'ai connu le
signal qui vous livrait l'entrée de cette maison. Possesseur
de ce secret, je m'en suis servi, et Melle de Loisy m'a
ouvert la porte, croyant l'ouvrir à vous-même.

JEANNE.

Oh ! oui, c'est bien ainsi...

ANDRÉ.

Oui !... c'est bien ainsi... vous, Jeanne, que je croyais
si candide et si pure ; vous que je craignais d'offenser
d'un regard, d'une parole ; vous, en face de qui je bais-
sais le front comme devant un ange... vous m'avez
trompé !

JEANNE.

Monsieur André, je vous jure...

ANDRÉ.

Laissez-moi tout vous dire ! oh ! vous ne saurez jamais
combien est immense la douleur que j'éprouve, Jeanne !
Oui, vous m'avez trompé, en trahissant l'hospitalité sainte
que je vous donnais ; vous m'avez insulté, car vous n'avez
pas eu confiance en moi...

(*Mouvement de Jeanne.*)

et ne m'avoir pas tout avoué plus tôt... vous auriez évité
à mon cœur un affreux désespoir !

LOUIS.

(*A part.*) Que veut-il dire ?

JEANNE.

(*A part.*) Lui ! André !... non, c'est une amitié de frère,
voilà tout.

ANDRÉ.

Oh ! je vous le jure, j'étais digne que vous vinssiez me
dire, dès le jour où vous êtes entrée ici, j'aime ! j'aime
un proscrit ; il est dans la ville, non loin de moi, et je
voudrais le voir, lui parler... mais non ; vous vous êtes
dit : je me tairai ! car la fille noble peut bien accepter
les services et le dévouement de l'homme du peuple....
mais avoir confiance en lui, mais ne pas le mépriser. —
Oh ! cela lui est impossible, n'est-ce pas ?

LOUIS.

Monsieur, je ne puis souffrir... et une réparation...

ANDRÉ.

Marquis de Beaumont, taisez-vous ! Ah ! les voilà bien ces gentilshommes ! fiers de leur nom et de leur blason ; ils vous parlent de réparation, de duel..., croyant se dispenser ainsi de probité et d'honneur ! et ils s'étonnent encore que nous ayons secoué leur joug détesté ! Le fouet à ces manans, disent-ils, et qu'ils rentrent dans l'ordre ! s'ils résistent, qu'ils meurent ; que leurs maisons, leurs villes soient incendiées et rasées ! Ils arment l'Europe contre toi, ô France, ô ma noble patrie ! Les insensés ! ils croient que le fer peut tuer une idée ; ils osent penser que le canon peut empêcher un peuple d'être libre !... Ô malheur à eux, car l'idée broiera le fer et ceux qui l'auront porté ! malheur à ces hommes qui, Français par le nom et l'origine seulement, viennent sous les murs de Valenciennes, avec cent cinquante mille étrangers, déshonorés déjà par le bombardement de Lille, si honteux pour eux, si glorieux pour nos compatriotes ! malheur à tous. Les habitans de Valenciennes seront dignes des Lillois !

LOUIS.

Finissons-en, Monsieur, finissons-en ; encore une fois, il vous faut une réparation ; eh bien ! venez, je suis à vous.

JEANNE.

(*A part.*) Mon Dieu ! vous voulez donc que je meure !

ANDRÉ.

Me battre avec toi, marquis de Beaumont !... Mais mon sang ne m'appartient plus ! j'ai une patrie, ma ville natale à défendre, moi !... quand l'étranger les attaque, à elles mon bras et mon sang ! oh ! je ne suis pas noble, moi ! Mais ignores-tu donc ce qui s'est passé ?... Yorck, votre espérance, nous a sommé de rendre Valenciennes aux troupes alliées, et nous lui avons répondu...

LOUIS et JEANNE.

Quoi donc ?

ANDRÉ.

Rallumez vos canons ! les Artilleurs de Valenciennes
sauront vous répondre.... Nos dignes officiers Simon
Massi, Dorus, Belanger, nous conduiront à la victoire!...
Mais, j'ai tort de vous dire tout cela à vous, marquis de
Beaumont, car vous n'avez seulement pas le courage de
combattre dans les rangs des étrangers : vous aimez
mieux vous introduire, comme un voleur, dans une
maison qui devait vous être sacrée, car y pénétrer,
c'était exposer la tête de Melle de Loisy ! mais cela vous
est bien égal à vous, vous êtes gentilhomme !

LOUIS.

(*Furieux.*) Assez d'injures ainsi ! votre provocation
n'est pas généreuse, Monsieur, car je suis sans armes ;
mais, plus tard, je saurai bien vous forcer...

ANDRÉ.

Eh bien ! soit ! Dieu n'abandonnera pas ma cause ; elle
est juste et sainte !

JEANNE.

Louis ! que voulez vous faire ? (*A André.*) Vous avez
été jusqu'ici si noble, si généreux ! pardonnez, pardonnez
à tous deux, je vous en conjure ; nous n'avons pas voulu
vous offenser... oh ! croyez-moi...

LOUIS.

Jeanne !

JEANNE.

Laissez-moi lui parler... Monsieur Bernard, je vous l'ai
dit : je l'aime.

ANDRÉ.

Vous l'aimez !

JEANNE.

Oui, je l'aime !... pardon, pour moi ! (*Elle se met à
genoux.*)

ANDRÉ.

(*A part.*) Pour elle, pour son bonheur, encore ce sacrifice... (*A Jeanne.*) Comtesse de Loisy, relevez-vous!... non, pauvre jeune fille, vous ne m'aurez pas vainement prié... (*A Louis.*) Marquis de Beaumont, André Bernard vous pardonne, et si cela ne vous suffit pas...

LOUIS.

J'admire votre générosité, Monsieur, et j'excuse un emportement que je comprends. J'ai eu tort de venir chez vous, sans vous l'avoir demandé, je l'avoue, et maintenant, André Bernard, votre main, car, je le sens, vos paroles passionnées ont éveillé en moi les vertus que vous pratiquez si bien, ranimé mon amour pour cette patrie que vous défendez avec tant de courage, et, je vous le dis, le gentilhomme sent battre dans sa poitrine un cœur digne de celui de l'homme du peuple, du valeureux citoyen !

JEANNE.

Oh! merci, mon Dieu ! et vous Monsieur, soyez béni.

ANDRÉ.

Les circonstances m'ont donné des droits sacrés sur Melle de Loisy ; l'aveu que j'ai reçu d'elle ne les détruit pas. Votre présence ici est un danger ; vous devez partir.

JEANNE.

Mais ne craignez-vous pas...

ANDRÉ.

Avant tout, je me dois à votre sûreté... Soyez prudent, rentrez dans votre demeure.

LOUIS.

Mais la reverrai-je, du moins?

ANDRÉ.

Plus tard, quand cela sera possible !... (*Il va à la fenêtre.*)

LOUIS.

Jeanne, songez à moi.

JEANNE.

Je ne vous oublie jamais dans mes prières.

ANDRÉ.

N'hésitez plus...

LOUIS.

Adieu, Jeanne !

JEANNE.

Adieu !

LOUIS, *à André.*

Je laisse entre vos mains, je confie à votre honneur, tout ce que j'ai de plus précieux ici bas.

ANDRÉ.

Je vous le jure : je veillerai sur elle comme vous-même, et, je l'espère, Dieu veillera sur nous.

(Louis sort.)

SCÈNE X.

JEANNE, ANDRÉ.

JEANNE.

Oh ! mon Dieu ! si l'on allait le découvrir, l'arrêter....

ANDRÉ.

Jeanne, rassurez-vous : personne ne le connaît, et personne, sans doute, ne soupçonnera...

JEANNE.

Personne ! c'est vrai... (*Comme se rappelant.*) Ah ! mais vous ne savez pas ?

ANDRÉ.

Que voulez-vous dire, Jeanne?

JEANNE.

Pendant votre absence, un homme est venu ici; M. de Beaumont a chassé cet homme, parce qu'il a voulu m'insulter, et il est parti en jurant de se venger.

ANDRÉ.

Un homme! et son nom, le savez-vous?

JEANNE.

Il s'est appelé le citoyen Cicer....

ANDRÉ.

Cicéro! ah! mon Dieu! et vous ne m'avez pas dit cela! Il n'y a pas un moment à perdre... je cours trouver cet homme...

(*Bruit confus dans le lointain.*)

JEANNE.

Dieu! que se passe-t-il?

ANDRÉ.

(*A part.*) S'il était découvert! (*Haut.*) Sans doute une querelle entre des hommes du peuple.

(*Le bruit se rapproche.*)

CICÉRO (*en dehors.*)

C'est lui! un ci-devant... arrêtez!

VOIX (*en dehors.*)

En prison, en prison.

ANDRÉ.

Des menaces, contre qui? (*Il se précipite à la fenêtre; à part.*) Ciel! lui!

JEANNE.

André, je veux voir!

ANDRÉ.

Oh ! non !

JEANNE.

(*Elle passe à la fenêtre.*
Les cris sont devenus tout-à-fait distincts.)

CICÉRO *(en dehors.)*

Nous le tenons.

JEANNE.

Lui !... Laissez-le... il n'est pas coupable ! ah ! Louis !
Louis !

(*Elle tombe à moitié évanouie dans les bras d'André.*)

SCÈNE XI.

ANDRÉ, JEANNE, CICÉRO, HOMMES DU PEUPLE,
ARTILLEURS, *etc.*

TOUT LE MONDE.

Aux remparts ! aux remparts ! au feu ! au feu !

(*Canon. — Tocsin. — On entend crier durant
toute la scène :* Gare la bombe à gauche ! —
*Des hommes du peuple se répandent sur la
scène.*)

CICÉRO.

Il est pris-t-enfin.

ANDRÉ.

Misérable ! tu t'es fait dénonciateur pour te venger...
mais, je te le jure, si cet homme meurt, tu mourras...

SCÈNE XII.

ANDRÉ, CICÉRO, Hommes du Peuple, Soldats armés, Artilleurs, BRIEZ, *représentant du peuple.*

Briez.

Citoyen Bernard!... Le général Yorck exécute ses menaces... Le bombardement est commencé... tout le quartier Notre-Dame est en feu... Des femmes, des enfants, ont péri sous ses décombres... Que chacun se rende à son poste : marchons! Déjà les bombes, lancées sur les points intérieurs de Tournai, de Mons et de Famars, jettent partout la désolation et la mort!

André.

Ah! ils ont osé! eh bien! mes amis, allons répondre aux Anglais!...

(*Canon. — Tocsin.*)

FIN DU DEUXIÈME ACTE.

ACTE TROISIÈME.

LA PORTE DE FAMARS VUE EXTÉRIEUREMENT.

Au lever du rideau, la scène est complètement vide. — Un banc
à gauche. — André Bernard entre par la porte de Famars,
lentement, et va s'asseoir sur le banc. — Moment de silence.

SCÈNE PREMIÈRE.

ANDRÉ (seul).

ANDRÉ. (*Il lit en silence la capitulation*).
(*Haut*).

La garnison sortira avec les honneurs de la guerre,
mais elle déposera ses armes et ses drapeaux !... Ainsi
tout est fini !... voilà la récompense de trois mois d'une
résistance héroïque, d'une défense jugée impossible, et
pourtant réalisée avec audace et intrépidité ! partir !
abandonner ces murs écroulés, ces places labourées par
les bombes et les boulets, ces maisons noircies par la
fumée, dévorées par la flamme !... oui, il le faut... c'est
aujourd'hui le dernier acte de ce drame terrible ; aujour-
d'hui s'accomplit la capitulation signée il y a quatre jours!
Oh! le 28 Juillet 1793, quelle date, mon Dieu, et que
dira l'Histoire ? elle dira : durant trois mois, Valenciennes, abandonnée à ses propres forces, a dignement
soutenu l'honneur du nom français ; seule, avec onze
mille hommes de garnison, et 190 pièces de canon, elle
a lutté avec résignation et courage, contre cent cinquante mille ennemis, Autrichiens, Anglais, Hanovriens,
qui disposent de 347 bouches à feu ! elle dira que nous

avons bravé la famine et la mort !... elle dira encore : les
cadavres des défenseurs de Valenciennes ont comblé les
fossés, et alors seulement l'ennemi a pu faire accepter
une capitulation si souvent offerte en vain, mais sans
qu'il lui fut permis d'entrer par la brèche ouverte depuis
trois jours ! voilà ce que dira l'Histoire ; et la France
toute entière devancera son jugement, pour annoncer à
l'Europe !... au monde !... que nous avons glorieusement
défendu les drapeaux qu'elle nous avait confiés !... Oui,
elle dira vos noms, Ferrand, Tholosé, Massy, Dorus,
Lefreron, Dinaux, Teinturier, Hamoir ; et, sans doute,
un jour, elle les écrira sur des tables de bronze pour les
montrer avec orgueil à tous ses enfants.

(*Moment de silence ; huit heures sonnent.*)

Personne encore !... huit heures viennent cependant
de sonner... Serait-il survenu quelque empêchement?...
non, c'est impossible : Régulus tiendra sa promesse, et
Louis de Beaumont va venir. Que de peine j'ai eu pour
accomplir la promesse que j'avais faite à Jeanne, pour
arracher le malheureux proscrit au sort terrible qui
l'attendait ! enfin, grâce à Dieu, j'y suis parvenu. Régulus, séduit par l'or que j'ai prodigué à son avarice, a
consenti à favoriser son évasion, et deux jours après son
arrestation, il était libre ; mais Régulus a voulu qu'il fût
confié à sa garde, jusqu'à ce que j'eusse accompli mes
promesses ; il va être content : tout-à-l'heure, je lui
remettrai le contrat qui lui assure la possession de ma
modeste fortune. J'ai voulu voir partir M. de Beaumont,
car peut-être lui serait-il arrivé quelque malheur pendant le court espace de temps qui s'écoulera entre notre
sortie et l'entrée des alliés. Il eût été imprudent d'agir
autrement... J'ai tenu jusqu'à la fin la conduite que me
dictait l'honneur, mais mon cœur est brisé... et cependant, je suis heureux de votre bonheur, Jeanne ! Je
devais ma modeste aisance au dévouement de votre père ;
j'ai pu la sacrifier au salut de celui que vous aimez, et
mon cœur s'en réjouit... J'ai donné pour vous la maison
où je recueillis la première caresse et la dernière béné-

diction de ma mère... Valenciennes a succombé ; vous allez revoir votre père... à moi l'exil , Jeanne ! à vous le bonheur !

SCÈNE II.

ANDRÉ, CICÉRO.

CICÉRO.

(*Il fredonne dans la coulisse à droite.*)
God..... the..... king.....
Tra , la , la, la, la..... Goddam !

ANDRÉ (*remontant*).

C'est la voix de Cicéro ; il vient de ce côté ; évitons ses questions... Ah ! là , derrière ces arbres... j'attendrai Régulus sans être vu.

(*Il se retire à droite par le deuxième plan.*)

SCÈNE III.

CICÉRO.

CICÉRO.

Ah ! j'ai donc vu z'enfin les Autrichiens... C'est bien fini... Valenciennes a capitulé... et y vont z'entrer tout-à-l'heure ; y n'y avait plus moyen de résister... on a beau z'être orateur et patriote, on se fatigue de vivre dans la société des obus et des boulets de vingt - quatre.... ces individus sont très... (*Il cherche.*) Comment qu'ils disent ça ? ah !... brutal !... J'ai pourtant z'habité quinze jours dans ma cave, avec une quantité de rats... de cave, bien entendu... sans distinguer le moindre petit coin des astres !... c'est z'à un point que je ne suis pas bien sûr de reconnaître le soleil de la lune... je suis parvenu à

une maigreur de vendredi-saint... Enfin, je vais donc
pouvoir refréquenter mes foyers et mon lit... Quel état
que l'état de siége, bon Dieu ! Ces chers Autrichiens...
le premier que je rencontre... j' l'harangue... ah ! j'ai
z'une idée !

(*Il écrit sur le mur*) :

1 où 1793, *vive les Autre chiens !...* ça les flattera.

SCÉNE IV.

RÉGULUS, LOUIS, CICÉRO (*le dos tourné parlant
en écrivant.*)

(*Régulus et Louis devront entrer précipitamment
pendant les dernières paroles de Cicéro.*)

RÉGULUS.

Nous...ous... voilà, hors de la ville... prenez vite cette
route... (*Il indique à droite.*) Le camp des alliés n'est
pas loin.

LOUIS.

Mais... Jeanne !...

CICÉRO (*se retournant.*)

Hein !

RÉGULUS.

(*A part.*) Ci...i...céro... je suis per...erdu, s'il le
reconnaît !

LOUIS.

(*A part.*) Ah ! cet homme qui m'a fait arrêter. (*Il
rabat vivement son chapeau sur sa tête et s'enveloppe de
son manteau.*)

CICÉRO.

Toi z'ici citoyen geôlier,... et avec qui?... quel est ce
citoyen ?

RÉGULUS.

(*Avec embarras.*) Mais... (*Frappé d'une idée subite.*)
Ah! ce n'est pas un ci...i...toyen... c'est un offi...i...cier
autrichien.

CICÉRO.

(*Avec joie.*) Oui-dà!...

LOUIS.

(*Vivement à mi-voix.*) Comment?

RÉGULUS.

(*Bas.*) Silence! (*Haut.*) Il précède l'état-major.

CICÉRO.

Un Autrichien... Laisse-moi l'haranguer. (*Passant à
Louis.*) Ci..citoyen... non... mylord... non... monsieur...
non... mener..., je suis z'enchanté que...

RÉGULUS.

Tais... toi... y...y... n'sait pas le français...

CICÉRO.

Ah! alors... Cremen... Tartèche... (*Louis ne bouge
pas; à part.*) Il est sourd... (*Beaucoup plus fort.*) Kor...
nec... Posk... man...

RÉGULUS.

(*Dont l'impatience est allée croissant.*)

Laisse-nous ci...i...toyen z'orateur... et va... m'a...a...t-
tendre... au cabaret de la mère Simon... je te rejoins...

CICÉRO.

Avec lui!

RÉGULUS.

Oui... nous avons une affaire ici... (*Bas.*) Je te dirai...
(*Haut.*) Va citoyen.

CICÉRO.

Tu me diras... allons, j'y vais... Quel superbe Autrichien !... ia... ia... mener... ia...

(Il entre par la porte de Famars , à gauche.)

SCÈNE V.

RÉGULUS , LOUIS , ANDRÉ.

RÉGULUS.

A présent , partez !

ANDRÉ.

(*Paraissant à droite.*) Encore un moment, Monsieur de Beaumont.

LOUIS.

André Bernard ! seul !...

ANDRÉ.

(*Vivement à Régulus.*) Tu as tenu ta parole... je tiens la mienne... Voici le titre de propriété de ma maison. (*Il lui remet un portefeuille.*) Voici ma dernière pièce d'or.

LOUIS.

Et Jeanne , Monsieur, quand la reverrai-je ?

ANDRÉ *à Régulus.*

Préviens, sans retard, ma cousine Jeanne , qu'elle se rende ici.

RÉGULUS.

(*A part.*) Me voilà donc propriétaire !

ANDRÉ.

Hâte-toi.

RÉGULUS.

A l'instant, citoyen.

(*Il sort à gauche par la porte de Famars.*)

SCÈNE VI.

ANDRÉ , LOUIS.

LOUIS.

Monsieur, c'est à vous que je dois ma délivrance.

ANDRÉ.

A moi ?

LOUIS.

Ne vous en défendez pas, le geôlier m'a tout dit.

ANDRÉ.

Quoi ?

LOUIS.

Oui; je sais vos nobles sacrifices, votre abnégation ;
vous m'avez sauvé au prix de votre fortune, comme vous
avez sauvé Jeanne au prix de votre tête. En ce moment,
avant de nous séparer... je veux... je dois m'acquitter
envers vous.

ANDRÉ.

Monsieur de Beaumont... de grâce !

LOUIS.

Aujourd'hui , la loi des vainqueurs vous menace ;
aujourd'hui de terribles représailles peuvent être exer-
cées. Eh bien ! Jeanne va venir ; je me rendrai avec elle
au camp du duc d'Yorck , près de son père , et nous lui
demanderons...

ANDRÉ.

Rien... rien... pour moi... Je ne crains pas le courroux du vainqueur.... je crains la honte de sa présence..... Valenciennes n'a plus besoin de mon secours, je m'exile; faites le bonheur de Jeanne, Monsieur, et votre dette sera payée.

LOUIS.

Oh ! je vous supplie...

ANDRÉ.

Ma résolution est irrévocable.

LOUIS.

Eh quoi ! l'exil, la misère, toutes les douleurs, toutes les angoisses à vous, notre bienfaiteur... c'est impossible ! vous refusez un pardon de votre ennemi ; mais vous accepterez le tribut de ma reconnaissance. Non, je ne vous laisserai pas solitaire et désolé dans l'exil... Une fois uni à Jeanne, mon épée appartiendra à la République... à la France... et nous pourrons vivre ensemble.

ANDRÉ.

Ensemble !...

LOUIS.

Nos soins, notre amitié vous consoleront.

ANDRÉ.

Ensemble ? jamais ! oh ! non... non, vous ne connaîtrez pas ma retraite !

LOUIS.

Et pourquoi ?...

ANDRÉ.

Vous me le demandez ! pourquoi ?... Oh ! je ne pourrais être témoin de votre bonheur. Pourquoi ! mais votre fiancée... Jeanne !... moi aussi je l'aime !

LOUIS.

Vous?...

ANDRÉ.

Oui, je l'aime! comprenez-vous maintenant pourquoi je vous ai sauvé? pendant votre captivité, j'ai vu les larmes de Jeanne, ses insomnies, son désespoir ; j'ai compris que sa mort suivrait de près la vôtre... et vous vivez pour que Jeanne ne meure pas.

LOUIS.

André! la reconnaissance humaine est impuissante à récompenser un pareil dévouement, une si grande générosité : Dieu seul est assez grand!...

ANDRÉ.

En m'offrant de me suivre dans l'exil, vous m'avez forcé à cette révélation... mais Jeanne ignore et doit ignorer à jamais le secret de mon amour.

LOUIS.

Votre secret mourra entre nous deux...

ANDRÉ.

Jeanne et ma patrie, voilà mes deux grandes affections sur la terre ! l'une est à jamais perdue pour moi... et l'autre, me sera-t-elle rendue? Dieu l'a voulu ! j'ai juré d'être fort et résigné ; jusqu'au bout je tiendrai mon serment.

LOUIS.

(A part.) Noble cœur !

ANDRÉ.

Et maintenant, Monsieur, vous répondez du bonheur de Jeanne. Ne l'oubliez pas.

SCÈNE VII.

ANDRÉ, LOUIS, JEANNE.

JEANNE.

(*Entrant avec inquiétude.*) Seront-ils arrivés?

LOUIS.

Ah! c'est elle! Jeanne, ma bien aimée.

JEANNE.

Louis!

ANDRÉ.

(*A part.*) Les revoir ensemble! allons, encore cette douleur!

JEANNE.

Louis... voilà notre sauveur... et toute ma vie consacrée à le remercier, ne suffirait pas...

ANDRÉ.

Jeanne!

JEANNE.

Et désormais, près de mon père, heureux tous les trois, il ne nous quittera plus.

LOUIS.

Non, Jeanne, il veut partir s'exiler...

JEANNE.

Que dites-vous?

ANDRÉ.

La solitude et l'exil sont les refuges de l'âme qui souffre. Je ne puis rester avec vous. Partez tous les deux, la route qui mène au camp des alliés est libre à présent. Allez rejoindre votre père; seulement, Jeanne, au milieu du bonheur, quelquefois une larme, un souvenir à l'exilé qui ne vous oubliera jamais.

LOUIS.

Votre noble conduite restera gravée dans nos cœurs ; partout et toujours, comptez sur moi.

JEANNE.

Et comme Dieu seul sait combien de temps doit durer l'absence... avant de se séparer de vous, Jeanne de Loisy vous offre ce souvenir... André, c'est la croix que portait ma mère... gardez-là en mémoire de celle qui vous doit la vie.

ANDRÉ.

Jeanne ! oh ! merci ! merci ! (*A part.*) Souvenir chéri, ta place est sur mon cœur !

(Neuf heures sonnent pendant ces dernières répliques.)
(Bruit de tambour.)

Oh ! déjà ! déjà... à présent... hâtez-vous... partez... la garnison sort de la ville... mes compagnons d'armes vont se rendre ici... *(A Jeanne.)* Votre père vous attend... adieu !

JEANNE.

Oh ! vous qui m'avez nommée votre sœur... mon frère ! votre main que je l'embrasse à genoux.

ANDRÉ.

Dans mes bras !... ma sœur... dans mes bras !

LOUIS et JEANNE.

Adieu ! adieu !   (*Ils sortent à droite.*)

SCÈNE VIII.

ANDRÉ, RÉGULUS, CICÉRO, BRIEZ, FERRAND,
LA GARNISON, LES CANONNIERS BOURGEOIS, *l'arme au
bras et les drapeaux déployés.*

(*Des hommes du peuple, des enfants, des femmes
arrivent; le bruit des tambours et des trompettes se rapproche.*

CICÉRO *à Régulus.*

Viens t'à la Briquette, nous les verrons de plus près.

RÉGULUS.

Tu... vas... les ha...ha...ranguer ?

CICÉRO.

Oui, j' vais les z'haranguer.

(*Ils sortent à droite.*)

(*Les troupes se rangent sur le théâtre
à gauche, le peuple à droite.*)

Un ban.

BRIEZ.

Défenseurs de Valenciennes ! nobles soldats de la milice
bourgeoise, l'instant est venu de nous séparer. — La
Convention nationale, que j'ai l'honneur de représenter
parmi vous, connaîtra le récit de votre héroïque défense;
elle saura vos sacrifices, vos privations, vos prodiges de
valeur, et soyez-en sûrs, elle décrétera que vous avez
bien mérité de la patrie... Oui, la glorieuse capitulation
du 26 Juillet 1793 vaut une victoire.... Habitants de
Valenciennes, soldats de la garnison ! vous avez acquis
des droits à l'admiration de vos ennemis et de la postérité.

ANDRÉ (*s'avançant*).

Et vous tous, mes concitoyens, vous qui préférez les

misères de l'exil au joug honteux de l'ennemi, vous tous qui fuyez votre patrie esclave, n'oubliez pas ces paroles, leur souvenir adoucira vos chagrins et séchera vos larmes...

FERRAND.

Soldats! Citoyens! nous avons éprouvé les mêmes dangers, ressenti les mêmes fatigues, nous avons reçu le même baptême de feu, nous sommes tous frères, restons unis dans nos malheurs... restons toujours les dignes enfants de la France.

TOUS.

Vive la France !

BRIEZ.

Allez maintenant, allez sur les pas de votre noble chef, prouver à vos ennemis que vous êtes aussi grands par la résignation que par le courage... Soumettez-vous aux conditions de la capitulation ; les dévouements sublimes prouvent les sublimes vertus.

ANDRÉ.

Non, un tel dévouement est impossible... rendre nos drapeaux, jamais !

BRIEZ.

Que dis-tu ?

ANDRÉ.

Et toi, Briez, notre représentant, et toi, Ferrand, notre général, est-ce qu'à cette pensée, vous ne sentez pas vos cœurs bondir d'indignation ?... Quoi... nos étendards, ces guides de l'honneur, deviendraient la proie des vainqueurs... mieux vaut les réduire en cendres, les déchirer en lambeaux, n'est-ce pas, mes amis?

LE GÉNÉRAL ET VOIX NOMBREUSES.

Oui! oui !

ANDRÉ.

Oh ! les livrer aux ennemis, nous ne serions plus des Français... Amis, imitez moi !

>*(Il s'empare du drapeau des Canonniers,*
> *et s'avance sur le devant de la scène.)*

Glorieux insigne, à l'ombre duquel j'ai combattu, reçois mon dernier embrassement !.... tu ne seras pas déshonoré, et nous emporterons dans l'exil les lambeaux de tes nobles couleurs.

>*(Il déchire le drapeau, le général Ferrand a déchiré*
> *l'autre, et il en a jeté les lambeaux au milieu des*
> *rangs des soldats qui les ramassent. — Ceux-ci les*
> *placent au bout de leurs bayonnettes ou dans leurs*
> *plastrons. — Les trompettes sonnent. — Le général*
> *commande la manœuvre, les troupes défilent devant*
> *le peuple qui agite ses drapeaux et des branches*
> *d'arbres.)*

ANDRÉ.

Valenciennes, ville chérie, tes fils agenouillés devant tes remparts, où leur sang a coulé pour ta défense, tes fils, avant de s'exiler de tes murs, jurent de te rester fidèles jusqu'au tombeau, et bientôt, n'en doutes pas, ils viendront te délivrer pour accomplir leur serment. Valenciennes ! dans peu tu chasseras l'étranger ; nos bras te rendront française !

FIN.

COMPTE - RENDU

PAR LA PRESSE VALENCIENNOISE

DU DRAME INTITULÉ :

ANDRÉ BERNARD ou LE SIÉGE DE VALENCIENNES EN 1793 ,

Représenté en cette ville , le 26 Novembre 1844.

A quelqu'époque que nous reportions nos souvenirs, nous n'avons jamais vu au théâtre de Valenciennes une foule aussi compacte que celle qui encombrait mardi soir toutes les parties de la salle. Dès cinq heures, toutes les places réservées au public étaient envahies et ce n'était qu'à grand peine que les personnes qui avaient retenu des loges pouvaient percer la foule des amateurs désappointés qui, n'ayant pu trouver la moitié d'une place, descendaient piteusement le grand escalier.

C'est qu'il s'agissait d'une représentation vraiment nationale; c'est qu'il s'agissait d'un drame qui rappelait une des pages les plus honorables, au milieu de tant de pages honorables, de l'histoire de notre cité : Le siége de 1793 ! Ce siége mémorable que nos pères ont soutenu pendant quarante-trois jours et quarante-trois nuits et pendant lequel quelques milliers d'hommes ont résisté aux efforts coalisés de 150,000 ennemis ! Ce glorieux souvenir devait faire tressaillir le cœur de nos concitoyens; aussi le succès du drame a-t-il été complet, il n'en pouvait être autrement.

Au lever du rideau, au premier acte, la scène représente la place publique de Valenciennes; à gauche du spectateur se dessine le perron de l'hôtel-de-ville; au fond s'élève majestueusement notre ancien beffroi, avec les maisons qui l'entouraient; au milieu de la place est élevé l'autel de la patrie, dressé pour la grande solennité qui se prépare. Bientôt les roulemens des tambours et les fanfares annoncent l'arrivée du cortège; les troupes de la garnison, avec leurs drapeaux, les canonniers bourgeois en armes et une foule de peuple viennent se grouper autour de l'autel de la patrie, tandis que les représentans Briez et Cochon, suivis du brave général Ferrand, du maire, l'honorable M. Pourtalès, et des membres de la commune, viennent prendre place devant l'autel.

Ici commence une scène véritablement imposante et qui nous a paru la plus remarquable du drame. Le représentant Briez s'avance vers l'autel de la patrie et, d'une voix sonore et vibrante, il jure de maintenir la liberté, l'égalité et la souveraineté du peuple français, de ne jamais consentir à aucune capitulation et de s'ensevelir sous les ruines de la ville plutôt que de l'abandonner aux ennemis de la patrie! Ce serment est successivement prêté par le général Ferrand, par le maire Pourtalès, les officiers municipaux, l'état-major et la troupe assemblée; tout-à-coup un artilleur bourgeois, fendant la foule, s'avance à son tour et, d'une voix forte, prononce le même serment au nom de ses camarades de l'artillerie; les cris de *vive la nation* se font entendre, les tambours ferment le ban et l'enthousiasme est à son comble. Cette scène, nous le répétons, est parfaitement traitée, et la pompe dont on l'a entourée est digne d'un plus grand théâtre.

Après cette cérémonie, l'indispensable intrigue commence, le cortège s'est retiré; l'artilleur qui est sorti de la foule pour joindre son serment à celui des autorités, André Bernard, (c'est son nom) se dispose à rentrer chez lui lorsqu'une jeune fille, qui est restée seule sur la place, vient réclamer son appui et sa protection. Cette jeune fille est la fille du marquis de Loisy, émigré, qui est au camp du duc d'Yorck; elle est sans pain et sans asile, sa vie est compromise... elle remet à André Bernard une lettre de son père. Pour expliquer comment le fier marquis de Loisy se décide à réclamer, en faveur de sa fille, l'appui d'un homme du peuple, nous ajouterons que ce même marquis a rendu un éminent service à André Bernard et qu'il compte sur sa reconnaissance; son espoir ne sera pas trompé; l'homme du peuple offre chez lui un asile à la jeune fille pour laquelle, avons-nous besoin de le dire, il éprouve déjà l'affection la plus tendre. Ainsi finit le premier acte.

Au second acte, nous sommes dans la maison d'André Bernard; les représentans du peuple, les généraux, les officiers municipaux y sont réunis en conseil. Le duc d'Yorck vient d'adresser deux lettres, l'une à la municipalité, l'autre au général Ferrand, pour leur faire entrevoir l'inutilité d'une lutte qui doit être terrible. La réponse ne se fait pas attendre : « Nos propriétés et « notre existence ne sont rien auprès de notre devoir, répond « l'honorable M. Pourtalès., nous serons fidèles au serment que « nous avons fait conjointement avec notre brave général et nous « ne pouvons qu'adhérer à la réponse qu'il vous a faite. » Cette réponse est le signal de l'attaque, et, à dater de ce moment, nous sommes en plein siége, seulement la porte de la maison d'André Bernard est si bien close que le bruit de la canonnade ne parvient pas jusqu'à nous.

Mais si la porte de la demeure de l'artilleur est close pour les boulets et les obus, elle ne l'est pas pour le jeune comte de Beaumont, qui est parvenu à s'introduire dans la ville pour revoir une jeune fille qu'il aime et qui le paye d'un tendre retour; cette jeune fille, vous le devinez, c'est Jeanne de Loisy. Au moyen d'un signal convenu, Louis de Beaumont entre chez André Bernard qui vient de partir pour le bastion national. Nos jeunes amoureux se revoient avec ivresse, ils parlent de leurs regrets, de leur bonheur futur.... Tout-à-coup André Bernard arrive; il découvre l'affreuse vérité, c'est-à-dire que Jeanne aime Louis de Beaumont et que ses espérances, à lui, sont détruites. Après une assez longue explication, André pardonne.

Nous voici bientôt arrivés au dénoûment de l'affaire. Nous sommes au 1er août, la capitulation a été signée; la garnison française va quitter la ville pour faire place aux Autrichiens. Le théâtre représente une partie des remparts de la ville et la porte de Famars par laquelle la garnison doit sortir. Les remparts sont couverts de citoyens qui viennent, dans une morne stupeur, dire un dernier adieu à leurs braves défenseurs. La garnison arrive, enseignes déployées.

Avant de quitter la ville, le représentant Briez adresse une courte et chaleureuse allocution aux habitans; il vante leur courage et leur patriotisme, et termine en leur disant que la Convention nationale, à laquelle il retracera leur héroïque résistance, décrètera sans doute que *la ville de Valenciennes a bien mérité de la patrie !* Enfin le moment de la séparation arrive, les drapeaux sont portés au centre et lacérés par les soldats qui ne veulent pas que ces glorieux trophées deviennent la proie des vainqueurs. Le défilé commence au milieu des adieux et le rideau tombe au bruit des applaudissemens de toute la salle.

Rappelé après la pièce, M. Fillion est venu annoncer au milieu des plus vifs applaudissemens que son collaborateur était M. *Ayraud*, l'un des rédacteurs du *Progrès du Pas-de-Calais*.

L'intrigue que les auteurs ont cru devoir introduire dans ce drame n'est pas bien neuve; ce n'est après tout, dans cette circonstance, qu'un accessoire auquel viennent se relier les principaux faits que les auteurs ont voulu rappeler. Le style en est irréprochable; le dialogue est vif et la plupart des scènes bien traitées. La mise en scène était admirable; les costumes étaient aussi exacts que possible, et, quant aux décors, ils étaient de notre jeune Meurice; c'est assez dire qu'ils ne laissaient rien à désirer.

Maintenant, si vous voulez avoir une idée exacte de la foule qui s'était portée à cette représentation, nous vous dirons que, bien que les prix des places n'aient point été augmentés, la recette s'est élevée à 1,648 francs.

(COURRIER DU NORD *du Jeudi 28 novembre 1844.*)

Le drame historique, composé par M. *Fillion*, qui s'était adjoint M. *Ayraud*, l'un des rédacteurs du *Progrès* d'Arras, pour remercier les habitans de Valenciennes de l'accueil qui lui avait été fait sur le théâtre de cette ville, est divisé en trois journées. Le 30 mai 1793, jour de la prestation du serment de défendre la ville et de s'ensevelir sous ses ruines; le 14 juin, jour de la réponse à la sommation du duc d'Yorck; et le 1er août, époque de la sortie de la garnison, après l'honorable capitulation du 28 juillet. A ces trois principales phases du siége de Valenciennes, les auteurs avaient conçu un petit drame dont l'action se développait à mesure que le fait historique marchait. Nous allons re-

tracer, aussi brièvement qu'il nous sera possible, les trois journées historiques et dramatiques que les auteurs ont choisies pour
bâtir leur composition quasi improvisée en quelques jours.

Cent cinquante mille impériaux entouraient Valenciennes; des
préparatifs formidables se faisaient pour s'emparer de cette for-
teresse : une vaste ceinture de bronze, dont l'ennemi avait envi-
ronné la place, se resserrait de jour en jour et allait tonner tout-
à-la-fois et vomir la destruction et la mort. Les plus ardens
défenseurs du pays pensèrent qu'il était tems de montrer une
de ces manifestations publiques qui parle à l'imagination des
peuples et exalte les esprits. L'idée vint à la *Société des amis de la
Liberté et de l'Égalité* qui siégeait à Valenciennes, de faire renou-
veler, le plus solennellement possible, le serment de fidélité à la
République, et celui de ne jamais rendre la ville aux ennemis
de la patrie. *Cochon* et *Briez*, députés par la Convention nationale aux armées du Nord, accueillirent avec chaleur cette
proposition, et des préparatifs furent faits pour la cérémonie du
serment.

Le 30 mai, dès la pointe du jour, une salve partie de la citadelle, annonça cette solennité civique. Durant la nuit on avait
dressé, sur la Place-d'Armes de Valenciennes, un vaste amphithéâtre pour servir d'*Autel de la Patrie* et recevoir les autorités
militaires et civiles. Les flancs de cette estrade étaient tendus de
blanc et relevés par des guirlandes bleues et rouges qui combi-
naient ensemble les couleurs nationales; les gradins étaient re-
vêtus des plus beaux tapis de la maison commune; des drapeaux
tricolores flottaient et ombrageaient l'autel de la patrie, et toutes
les fleurs que la saison et les jardins avaient pu produire étaient
semées sous les pas et embaumaient cette espèce de sanctuaire
civique comme d'un encens doux et divin. Quatre pièces de
campagne, placées aux angles de l'amphithéâtre, lui donnait un
aspect de bastion; mais la vue se reposait plus doucement sur cinquante jeunes vierges valenciennoises, vêtues de blanc, coiffées
en cheveux longs et bouclés suivant la mode du tems et ceintes
d'écharpes tricolores; elles formaient la haie et semblaient être la
garnison naturelle de ce fort bâti de rose et de rubans. Les maisons de la place sont pavoisées de drapeaux, les fenêtres et les
balcons surchargés de femmes élégamment parées; le vieux beffroi, témoin depuis des siècles de tant de sermens divers, alors
chargé de cent étendarts aux trois couleurs, est lui-même garni
d'un monde curieux jusqu'au haut de sa coupole.

Le canon de la citadelle annonce le commencement de la cérémonie; alors le cortège des autorités, les représentans du peuple
en tête, descend lentement du perron de l'hôtel-de-ville, au
son des fanfares et d'une musique guerrière; chacun prend place
sur l'estrade et les cinquante jeunes filles chantent un hymne
patriotique dont la douce harmonie porte dans l'âme des assistans une vive émotion. Sans autre transition, on passe de ce
chant virginal au son rude de cent tambours qui battent un ban.
Alors le conventionnel Cochon (depuis comte de l'Apparent) se
lève, et tendant la main sur le livre de la loi, prononce à haute
voix le serment suivant : JE JURE d'être fidèle à la République
une et indivisible ; de maintenir de tout mon pouvoir et de toutes mes
forces la Liberté, l'Egalité et la Souveraineté du peuple français, et
de mourir à mon poste en les défendant. JE JURE de plus, de ne jamais consentir à aucune capitulation, ni de vouloir même en entendre
parler et de m'ensevelir sous les ruines de la ville, plutôt que de
l'abandonner aux ennemis de la patrie.

Ce serment, prononcé d'une manière énergique, est accueilli
des cris mille fois répétés de vive la Nation ! vive la République !
par toutes les députations des corps qui entourent l'estrade, par
le peuple, et par la garnison toute entière massée dans le fond
de la place et dans les rues adjacentes. Alors le représentant
Briez se lève et prononce la même formule, puis le général Ferrand qui commande la place, les autorités municipales, le commandant de la garde nationale, l'état-major et la troupe assemblée, la répètent aux mêmes acclamations de tous les assistans.
Au moment où les tambours allaient fermer le ban, un citoyen,
fendant la foule (dans la pièce c'est André Bernard, le héros du
drame), s'élance au milieu de la place, et d'une voix de stentor,
prononce le même serment au nom du peuple de Valenciennes
réuni, qui répond par des cris réitérés et pleins d'enthousiasme :
Nous le jurons ! ! ! Alors, comme d'un commun accord, tout le
monde entonne la Marseillaise (cette circonstance historique a été
retranchée dans la pièce) et ce chant guerrier pousse à son comble
l'enthousiasme général. 30,000 personnes, qu'animent la même
pensée, peuple, généraux, bourgeois, magistrats, mus comme
par un mouvement électrique, mettent un genou en terre et se
découvrent respectueusement pour chanter le dernier couplet :
Amour sacré de la Patrie.....! Personne ne saurait rendre l'effet
magique de ce mouvement d'enthousiasme : les dames agitent
leurs mouchoirs, les drapeaux s'inclinent, les trompettes sonnent,

les tambours battent, les voix, les cloches et le carillon se mêlent
et se confondent en un seul son, et, comme basse puissante de
ce concert unanime, le bronze répond à ces acclamations et va
porter à l'ennemi la nouvelle que le peuple entier de la ville et
sa garnison viennent jurer de s'ensevelir sous ses ruines plutôt
que de leur rendre Valenciennes.

Qui n'a pas vu cet enthousiasme civique ne peut juger de l'en-
traînement produit par l'effet du chant de Rouget de Lisle ! là
du moins cet effet était pur : il ne s'agissait pas de plonger les
mains dans le sang de ses frères, ou d'animer des Français contre
des Français : on jurait de défendre ses foyers, d'arrêter une
armée victorieuse, de vendre chèrement sa vie en maintenant
l'intégrité du territoire et en sauvant une invasion à la France.
Pour de si nobles motifs, il sera toujours permis de provoquer
l'enthousiasme et de doubler les forces du corps par l'exaltation
de la tête et l'énergie de l'esprit.

Telle est la scène historique qui forme le fond de la première
journée du drame joué mardi dernier. Les auteurs l'ont rendue
avec autant de vérité que les dimensions et les ressources d'un
théâtre de province le permettent. Lorsqu'*André Bernard* vient
prêter son serment au nom des canonniers bourgeois de Valenciennes, une jeune fille, *Jeanne de Loisy*, mêlée dans le peuple,
le reconnaît et ne le perd pas des yeux. Après la cérémonie, les
deux jeunes gens se retrouvent et *Jeanne* raconte à *André* que son
père, le comte de Loisy, émigré, est au camp du duc d'Yorck,
et qu'elle se trouve enfermée dans Valenciennes sans pouvoir le
rejoindre, et en danger d'être arrêtée comme fille d'émigré.
André a reçu des services éminens du père de Jeanne, il n'hé-
site pas un instant, il l'abrite sous son toît, en jurant qu'elle
aura l'honneur et la vie saufs.

Le second acte se passe le 14 juin, dans la maison d'André
Bernard où la jeune Jeanne de Loisy se trouve cachée depuis le
30 mai. Le conseil de défense est assemblé chez André, le canonnier bourgeois, pour être plus tranquille qu'à la maison commune. On vient de recevoir la sommation du duc d'Yorck ; on y
répond comme il convient à de bons Français, et le conventionnel Briez propose, pour éviter de donner au prince anglais le
titre de duc que les républicains ne reconnaissent pas même chez
les étrangers, de lui envoyer la missive sous l'enveloppe d'une
écharpe tricolore, afin qu'il voie de bien près nos couleurs nationales. Le conseil se retire. André Bernard donne quelques

instans à l'amour qu'il a conçu pour sa belle hôtesse, puis il
sort pour aller au rempart en recommandant à Jeanne de n'ouvrir à personne qu'à lui-même d'après un signal convenu. A
peine est-il sorti que le signal se fait entendre : Jeanne ouvre,
un étranger déguisé se présente; c'est Louis de Beaumont, fiancé
de Jeanne, envoyé par son père, qui a méprisé tous les dangers
afin de pénétrer dans Valenciennes jusqu'auprès de sa bien-
aimée. Il a découvert sa retraite, épié André, surpris le secret
du signal pour arriver jusqu'à elle. Il lui parle de son amour et
lui fait la demande (un peu puérile dans un pareil moment) de
chanter une ballade dont son cœur n'a pas perdu le souvenir.
Au moment où il lui baise la main, un farouche républicain,
membre du club, les aperçoit parce qu'ils ont eu l'imprudence
de laisser la porte ouverte, et menace de les dénoncer; on lui
offre de l'or, ce qui confirme ses soupçons, puis il veut lui-même
prendre quelques libertés avec la belle Jeanne, que Louis de
Beaumont défend. L'aristocrate châtie le téméraire et jette à la
porte le républicain qui sort en menaçant de se venger.

André Bernard reparaît et Louis de Beaumont entre dans la
cachette de sa fiancée. André est au moment de découvrir sa
passion à Jeanne, lorsque celle-ci le prévient en lui faisant l'aveu
de son amour pour M. de Beaumont et en lui avouant qu'elle l'a
revu. Surprise et indignation d'André. Le gentilhomme sort de
sa cachette et vient se dénoncer lui-même à Bernard en disant
que Jeanne n'est pour rien dans le fait de sa présence au domi-
cile du canonnier. Les déclamations obligées, surtout à cette
époque, contre la noblesse, sortent de la bouche d'André, puis
enfin, la générosité reprend le dessus, il concentre son amour
et pardonne à son rival.

La troisième journée est celle de la sortie de la garnison : André Bernard ne veut pas rester en ville sous le joug de l'étranger;
il s'exile; mais avant de quitter ses foyers il met le comble à sa
générosité en renvoyant Jeanne de Loisy à son père et en la met-
tant sous la sauve-garde de Louis de Beaumont, qui a été mis
en arrestation, et qu'André fait sortir de prison en gagnant un
geôlier à qui il cède, en échange de la liberté du gentilhomme,
sa maison en toute propriété. On ne voit pas bien la nécessité
de ce sacrifice, puisque les impériaux entrant en ville, la liberté
de Louis de Beaumont est de droit, et la réunion de Jeanne avec
son père attaché au duc d'Yorck en devient la conséquence.
Mais enfin les auteurs ont désiré que les choses se passassent

ainsi et l'on sait que les faiseurs de drames sont tout puissans en événemens. Les deux amans quittent donc André Bernard, pleins de reconnaissance pour ses bons procédés. Louis de Beaumont promet de devenir bon Français et de faire le bonheur de Jeanne, et celle-ci donne à son digne ami, en signe de reconnaissance, la croix de sa mère, qu'elle a toujours portée sur son cœur. Le brave Bernard reçoit ce gage qui ne doit plus desormais le quitter. Le drame finit là. La journée historique s'achève par la sortie des troupes de la garnison et des canonniers bourgeois. On les a vus brillans au premier acte, ils sont abattus et consternés au troisième; mais toujours dévoués à la patrie, ils ne veulent pas rendre leurs drapeaux à l'ennemi; ils les déchirent, s'en partagent les morceaux et les emportent sur leur poitrine. La toile tombe aux crix de : *Vive la France !*

Telle est à peu près l'esquisse de la pièce composée pour les Valenciennois et représentée devant eux dans la soirée de mardi. On y a inséré quelques quolibets populaires, quelques coqs-à-l'âne républicains pour égayer la scène et dérider le parterre; on y a cité complaisamment beaucoup de noms propres plus ou moins historiques; on y a mis surtout un grand luxe de complimens pour les habitans de la ville, qui les ont reçus à brûle-pourpoint avec une certaine modestie, car ils n'ont pas trop appuyé sur les applaudissemens qui auraient pu passer pour de l'égoïsme. Ils ont donné aux auteurs, et à M. Fillion en particulier, une autre preuve de sympathie et d'intérêt : ils se sont portés au théâtre avec un empressement tel qu'on a dû doubler la garde aux entrées, et qu'on a fini par refuser autant de billets qu'il y en a eu de pris. La salle a été littéralement prise d'assaut, les musiciens expulsés, l'orchestre envahi, les amphithéâtres encombrés et les couloirs même remplis jusqu'à l'escalier. De mémoire de directeur on n'a jamais vu, ni une telle foule, ni une telle recette. Cet empressement fait le plus grand honneur aux sentimens urbains des habitans de Valenciennes qui ont montré, en cette circonstance, un esprit national et communal digne des plus grands éloges.

Il était difficile de faire sur un siége de ville un drame remarquable; aussi ne devait-on pas s'attendre à trouver dans la pièce jouée mardi une de ces compositions dans lesquelles les auteurs, libres de leurs allures, peuvent réunir tout ce qui plaît aux yeux et à l'esprit. Ici la grande affaire est la mise en scène, et, à vrai dire, l'administration y a déployé un grand soin et un grand luxe surtout pour le peu de tems qu'on a eu pour tout préparer. Deux décorations nouvelles, dues à M. *Auguste Meurice*, ont paru pour la première fois : l'une représentant la Place-d'Armes en 1793, présentait des difficultés de perspective presqu'insurmontables. Nous ne dirons pas que le jeune décorateur les a toutes vaincues; certaines proportions d'édifices se trouvaient peu en rapport avec la taille des personnages, mais en somme, ce fond, si bien peint, mérite des éloges, et a fait le plus grand plaisir. Quand il sera moins pressé, le décorateur pourra ajouter à la salle de spectacle, ces vases Pompadour qui couronnaient jadis ce bâtiment : la vérité et l'effet y gagneront. Nous sommes heureux de posséder dans nos murs un jeune artiste animé d'un zèle qu'on trouve toujours inépuisable, prêt à tout évènement à mettre son talent à la disposition du public, surtout pour exécuter des travaux inspirés par l'intérêt de la cité.

Après la chûte du rideau, M. *Fillion*, accueilli par une salve méritée d'applaudissemens, est venu modestement annoncer qu'il avait eu pour collaborateur, dans cette œuvre de circonstance, M. *Ayraud*, l'un des rédacteurs du *Progrès du Pas-de-Calais*.

(Écho de la Frontière *du Mardi 26 Novembre 1844.*)

www.ingramcontent.com/pod-product-compliance
Lightning Source LLC
Chambersburg PA
CBHW050614210326
41521CB00008B/1248